JN148521

災害時こそ昆虫食

東大阪大学短期学部教授

松井　欣也

目次

はじめに　昆虫食との出合い

あなたは昆虫に興味がありますか。ある調査によると「関心がある」は約19％で、好きな昆虫は、ホタル、カブトムシ、クワガタがトップ3。嫌いな昆虫は、ゴキブリが60％以上。そんな昆虫が食べられると聞いて驚かれるだろうか。

60年前に私は大阪で生まれ育った。子どもの頃の遊びといえば、今のようにゲーム機もないので、鬼ごっこや広っぱでのボール遊びなどだった。私はもっぱら友人と昆虫採集や昆虫の飼育に明け暮れていた。その当時も昆虫は食べられるとは聞いていたが、我が家の食卓には登場した記憶はない。20代の頃、長野県へスキーに行ったときの旅館で、イナゴの佃煮を食べたのが初めてだった。当時は特に美味しいとも思わなかったし、まずいとも思わなかった。

高校時代の得意科目は生物学ぐらいだったのと、料理をすることが好きだったので、栄養士の道を選んだ。大阪府立公衆衛生専門学校（現在の大阪府立大学）を卒業後、国立循環器病センターに就職。その後、36年余り近畿の国立病院8施設を経験した。その間、阪神淡路大震災と東日本大震災が起こった。阪神淡路大震災のときは滋賀県で勤務しており、支援に行ける体制が整っていなかった。東日本大震災のときは兵庫県に勤務していたが、短期間であれば支援に行けそうだったので、日本栄養士会のホームページでボランティアを募集していたのを見、応募した。私が石巻市に支援に行ったのは三ヵ月後だったので、当然食べる物はほとんど行き届いていると思っていた。しかし、現実は違った。普段の学校給食が開始している地域もあったが、パンと牛乳だけの給食しか食べられない所があったのも事実だった。炭水化物や脂質ばかりで、タンパク質やビタミン、ミネラル、食物繊維が不足していた。

支援から帰り、何とか栄養バランスのとれた非常食・災害食を作れないかと思案中に、２０１３年５月にＦＡＯ（国連食糧農業機関）が、昆虫食の活用について報告書を発表した。報告書を読んで、昆虫食が災害食に適していると確信し、長年勤めた国立病院機構を定年前に辞めて、現在の東大阪大学短期大学部にて災害食と昆虫食の研究をしようと決意した。災害食に関しては東日本大震災後、様々な種類の非常食や長期保存できる商品が登場している。しかし、昆虫食に関しては、一部地域で食べられているのみで、昆虫が食べ物として扱われていないのが現状である。ゲテモノや罰ゲーム的存在であり、昆虫そのものに嫌悪感を抱く人が多い。その嫌悪感を取り除くには、昆虫食の歴史や一部の昆虫が様々な食品の着色料にも使われている事実、さらに栄養価が高く、地球環境にも貢献できる食材であることを訴え、実際に食べてもらうことしかないと考えた。昆虫食を研究している方々の協力を得て、災害と昆虫食についての論文投稿や学会発表を行った。また、近畿を中心にイベントに参加したり、企画した結果、関西の新聞やマスコミにも取り上げられるようになった。

最後になるが、数えきれない人の協力と援助によって本書が生まれたということを繰り返したい。全ての人の名前を挙げたいが、紙幅の関係上許されない。感謝すると同時にお詫びする。しかし、どうしても挙げなければならない人がいる。私の目を世界に向け、常に導き続けてくれた友人、米村博康氏である。

２０１９年11月

東大阪大学短期大学部の研究室にて

松井　欣也

第1章　東日本大震災を経験して

東日本大震災のボランティアに参加

著者、石巻市桃生農業者トレーニングセンター・避難所で

２０１１年３月11日、当時、私は兵庫県の小野市にあった兵庫青野原病院（現・兵庫あおの病院）に勤務していた。午後からの神戸市内での研修会に参加するため、ＪＲ河合西駅から加古川駅に向かっていたので揺れを感じなかったが、後から職場の同僚に聞くと、けっこう揺れたとのこと。加古川駅でＡＴＭを使おうとしたが、なぜか使えなかった。そして神戸駅で号外が配られていて、紙面（車が津波で流されいる写真）を見て大震災が起こったことを知った。さらに研修会の講師も東京から来ていて、早めに到着していたので間に合ったが、出るのが遅ければ足止めされるところだった。

３月13日に緊急災害対策会議が京都市・同志社女子大学で開催され、15日に日本栄養士会（以下、ＪＤＡ）に災害対策本部（東京）が設置された。26日から、日本プライマリ・ケア連合学会との協働による先遣調査が行われ（宮城県気仙沼市）、ボランティアの派遣、物資の配送が始まった。ＪＤＡのホームページでボランティア募集も始まり、全国から、管理栄養士・栄養士が集まった。私は仕事の都合上、参加予定を６月にしていたので、６月10～13日の４日間、石巻市桃生《ものう》農業者トレーニングセンターで避難している方々（約35人）に昼の給食を提供することと、石巻ロイヤル病院で避難している方々（約５人）の栄養状態の確認とアドバイスをする支援をしてきた。ＰＣＡＴ（日本プライマリ・ケア連合学会東日本大震災支援プロジェクト）と協力し、栄養士は主に３人でチームを組み、１人がリーダーとなって次に来るリーダーに順次引き継いでいくやり方で私も２日間リーダーを務めた。

著者、石巻ロイヤル病院・玄関前で

　東日本大震災発生後、ちょうど３ヵ月が経過した時に支援に入ったので、ある程度は復旧が進んでいると思っていたのだが、進んでいる所と進んでいない所のギャップがひどく、どうしてこんなに差が生じるのか疑問だった。石巻駅の周辺は、信号機もまだ復旧しておらず警察官の手で合図をしての交通整理だった。石巻駅から女川駅間も開通しておらず、バスでの振替運行。６月９日の午後５時に涌谷《わくや》町医療福祉センター研修館（宿泊所）で引き継ぎをすることになっていたのだが、仙台駅には午前８時と早く着き過ぎてしまったため、石巻駅で被災状況を見学することに。タクシーで１時間程、被災地を回ってもらい被災状況を写真に収めた。

海に近づくほど、水産加工施設が隣接しているためか魚介類の腐敗臭と行方不明者の遺体かもしれない臭いと砂埃がひどく、マスクが必要だった。支援中は連日のように震度3～4の地震が発生し、不安がつのった。

3ヵ月経ったにもかかわらず、被災者はまともな食事は取れていない。私たちが支援した避難所の食事内容は、朝は菓子パンと牛乳や野菜ジュース、おにぎりとインスタント味噌汁等で、昼は給食、夕食は仕出し弁当だった。私たちが作った昼の給食だが、配給の非常食で賞味期限切れに近い物も消費しないといけないので予定献立を急遽変更し、発注の取り消しや別の食材を追加発注する等の工夫をして提供した。非常食のほとんどが野菜煮物のレトルト食品で、全体的にしょうゆの茶色と食材の歯ごたえがないため、何を食べている分からない物を工夫して見栄え良く、美味しく食べてもらうかが腕の見せ所だった。今回の支援で一番要求されたことは調理での応用力・臨機応変に対処する能力だった。料理場は避難所から離れており、雨や風の強いときは出来上がった料理を運ぶのが大変だった。病院に避難している方々の食事も朝が菓子パンかおにぎりで、昼は非常食、夕食はコンビニ弁当だった。特に野菜や果物が不足していて、被災者の方々も食べたがっていた。エネルギーとタンパク質はなんとか供給されていたが、ビタミン・ミネラルが不足している状況だった。対策としては、非常食にビタミン・ミネラルや食物繊維を含んだサプリメントが付加されてはいたが、大粒のタブレット状で高齢者や子どもには摂取しにくく、ほとんど消費されていない。病院に避難中の方々は簡単な医療行為を受けているが、入院するほど重症ではないので軽快すると避難所に戻ることになっていた。その病院自体も被害を受けており、最上階は排水設備が壊れたままだった。従って食事内容も酷いもので、配給の非常食をいかに栄養バランス的に組み合わせるか、少しでも美味しく食べる方法をアドバイスするしかなかった。

土曜日には地元の栄養士も応援にきた。いろいろと状況を聞いたところ、学校給食も3ヵ月目にしてやっと通常の給食に戻った学校もあれば、今でもパンと牛乳だけの学校もあるとのことだった。昼の給食作業の盛り付けや後片づけ等の手伝いにくるピースボート（東日本大震災緊急支援プロジェクト）の若者（20代の男女）にも助けてもらい無事に支援を終えることができた。私たちが宿泊した施設の近くには大型スーパーや温泉施設があったので毎日お風呂にも入れ、食事も自由に選んで食べることができた。しかし、ピースボートのメンバーに聞くと、入浴は1週間に1回で、食事は自前のインスタント食品や非常食の様なものを食べているとのことだった。支援者間でも待遇に差があり、なにか違和感を抱いた。石巻市内でもほんのわずかの差で被害状況に差があって、洪水を免れた家屋では普通の暮らしをしていた。帰りの電車内でも仙台駅に近づくほど、何事もなかったかのような日常生活の光景が目に入り宮城県内でも被害のギャップに自分自身の気持ちの切り替えと整理に時間がかかった。

タンパク質、ビタミン不足

２０１１年3月11日午後2時46分に発生した東日本大震災は、東北地方を中心に地震、津波、原発事故という戦後最大の複合大災害をもたらし、日本各地に大きな影響を及ぼした。ＪＤＡはこの未曾有の大災害に対応して、東日本大震災緊急対策本部を立ち上げた。このような大規模災害に対して、ＪＤＡが組織的に栄養や食事の面から全面的に支援したのは世界で初めてだった。

避難所では、すべての支援物資の分配が平等性により貫かれていたため、支援物資の未配布や避難者の年齢や栄養・健康状態、さらに摂食能力や嗜好等への配慮が困難となり、個人の特性が無視された食料の分配になっていた。各避難所間の連携を取り、これらが総合的に管理できる管理栄養士・栄養士の配置が必要であると感じた。支援の反省としては、現地に派遣された支援者のスキルにばらつきが生じ、かえって現地に迷惑をかけたり、支援者が入れ替わるたびに支援の質が上下していた。また、食料はもとより調理機材が不足するなかでの緊急な栄養管理は、想像していた以上に特殊な知識や技術が必要であり、非常時での対応には、平時からの教育と訓練が必要だと感じた。

災害支援を終えた反省より、日本栄養士会災害支援チーム（以下、ＪＤＡ-ＤＡＴ）を設立し、今後起こり得る国内外の災害に備える体制を整えた。日本国内外で大規模な地震、台風等の自然災害が発生した場合に、災害時栄養支援ができるよう、迅速に被災地内の医療・福祉・行政栄養部門等と協力して緊急栄養補給物資等の支援、多種多様な状況に適切に対応できる専門的知識と技術の育成を図ることを目的とした。

東日本大震災におけるＪＤＡの栄養支援活動での教訓を踏まえ様々な問題解決していく上で、初動体制と平時の防災意識構築の必要性を感じた。今後30年以内に南海トラフ巨大地震（Ｍ８以上）が起こる可能性が70～80％と予測されるなか、大阪府栄養士会においても備える必要がある。

知識があっても知恵がないと、臨機応変に対処することができない。今後も継続して、スタッフ養成研修やフォローアップ研修を行い、災害時における自助・共助・公助に対応できる管理栄養士・栄養士の養成を図り、被害を最小限に抑えられるよう緊急時に実践できるチーム体制を整えたい。

石巻市では、石巻市桃生農業者トレーニングセンターで避難していた被災者（約35人）に昼の給食提供と、石巻ロイヤル病院内での一時避難（以下、ＳＳＢ）していた被災者（約５人）の栄養状態の確認とアドバイスを行った。被災から３ヵ月は経過していたが、おにぎりや菓子パンといった炭水化物中心でタンパク質やビタミン類の不足がみられた。それらを補うため、米飯に粉末の食物繊維を加えたり、副食の汁物には粉末のタンパク質・亜鉛を混ぜて提供。ＳＳＢにもサプリメントは備えていたが粒状で、高齢者や幼児には服用が困難であると思われた。
各避難所等のエネルギー摂取量は以下の通り。
・仙台社会保険病院（３月12日～３月23日）１日当たり９８５～１６１９キロカロリー
・K避難所（３月23日～３月27日）１日当たり７２０～１１７０キロカロリー
・M避難所（６月１日～６月14日）１日当たり１９５０～２３００キロカロリー
・SSB（６月１日～６月14日）１日当たり１４００～１８００キロカロリー
避難所のトイレの衛生状態や生活用水の排水状況悪化に関する避難所ルール（カップ麺等の汁を捨ててはいけない）の存在などによる健康状態（高血圧）の悪化も懸念された。ピースボートメンバーに昼の給食作業の盛り付けや後片づけ等を手伝ってもらい時間内に終えることができた。SSB内の非常食（インスタント食品等）の塩分チェックも行い、１日の塩分摂取量が過剰にならないよう日々の組み合わせや注意点を献立に書き、PCATスタッフに伝えた。

避難所では、すべての支援物資の分配が平等性により貫かれていた。例えば１００人に対して99

ピースボートのメンバーと給食準備

SSBで非常食の塩分量をチェック

個しかない場合は「不公平になる」とその支援物資を配布しないということがあった。また、特別な配慮が必要な疾患を抱えた方への食事を用意しても、「他の人と違うものは、申し訳なくて食べられない」と断られる例もあった。そのために、避難所の年齢や栄養・健康状態、さらに摂食能力や嗜好等への配慮が困難となり、個人の特性が無視された食料の分配になっていた。各避難所間の連携を取り、これらが総合的に管理できる管理栄養士・栄養士の配置が必要だと感じた。

被災地の学校給食施設の利用を拒否された理由として、炊き出し等に使われることで、「衛生面での不安から学校給食再開に問題が残る」があった。こうした場合にも、食品や施設の衛生管理の知識をもった管理栄養士・栄養士が協力することで施設が利用可能になり、よりよい食事提供ができたのではないかと思う。

海外からの支援食料もあって、それを有効利用するには、ある程度の語学力や諸外国の食糧事情についての知識も必要と思われた。例えば、韓国の食物アレルギー表示は、日本に比べ食物アレルギー患者に対する配慮が十分でないため、アレルギー対応者には注意が必要である。

避難所生活では、トイレに行く頻度を抑えるため、水分摂取を控え、脱水傾向や便秘傾向になる。また、車中など狭いところで寝泊まりしている人たちの水分補給不足は、エコノミー症候群の危険性を増やすことにつながる。避難所では食料の調達だけでなく、被災者の口に入るところから、排泄までをトータルに考えた栄養管理が求められる。

災害による慢性疾患の悪化や低栄養状態、さらには感染症予防も含めて時期に応じた支援が必要と感じた。時間の経過だけでなく場所によっても状況が大きく異なること、求められるスキルも異なることを実感した。

項目	栄養単位	栄養参照量	避難所の提供量		
			第１回調査	第２回調査	第３回調査
			４月	５月	６月
エネルギー	kcal	2,000	1,546	1,842	2,019
タンパク質	g	55	44.9	57.1	69.5
ビタミンB1	mg	1.1	0.72	0.87	1.36
ビタミンB2	mg	1.2	0.82	0.96	1.16
ビタミンC	mg	100	32.0	48.4	90.4
備考		厚生労働省通知（平成23年4月21日）による	栄養提供量は宮城県沿岸部避難所の平均値		

避難所の食事状況・栄養関連ニーズ調査の結果（宮城県）

多くの支援者は事前にトレーニングや研修を受けたわけではなく、また他の医療職種をも巻き込んだシステムとして確立ができておらず、完全に機能していたとは言えない。災害時特有の栄養支援方法を確立し、今後研修会等の場を通じて多くの管理栄養士・栄養士に対して普及させ、いつでも対応できる体制作りが求められる。

昆虫食に目を向ける

東日本大震災では、被災から１ヵ月経っても炭水化物中心でタンパク質やビタミン類の不足が見られた。特に災害規模の巨大化、複合化により日常生活に回復するまでに３ヵ月以上を要した。東日本大震災後の避難所における栄養関連調査の結果を見ると、震災１ヵ月後の調査においては、提供エネルギーが不足しており、参照量が摂取できたのは２ヵ月後になっている。タンパク質摂取量は、被災直後、約20ｇ程度だったが被災から３週間後には約40ｇに上昇し、１ヵ月後には目標量の55ｇを確保できる回数が１週間に３回程度となった。各種ビタミンは果物が提供され始めたころから増加傾向を示したが、１ヵ月後においても目標量には達しなかった。原因として、様々な食糧は各方面から届いていたが、それを各避難所へ効率的に分配する体制が整っていなかったことが考えられる。避難生活の長期化と効率的な配分が

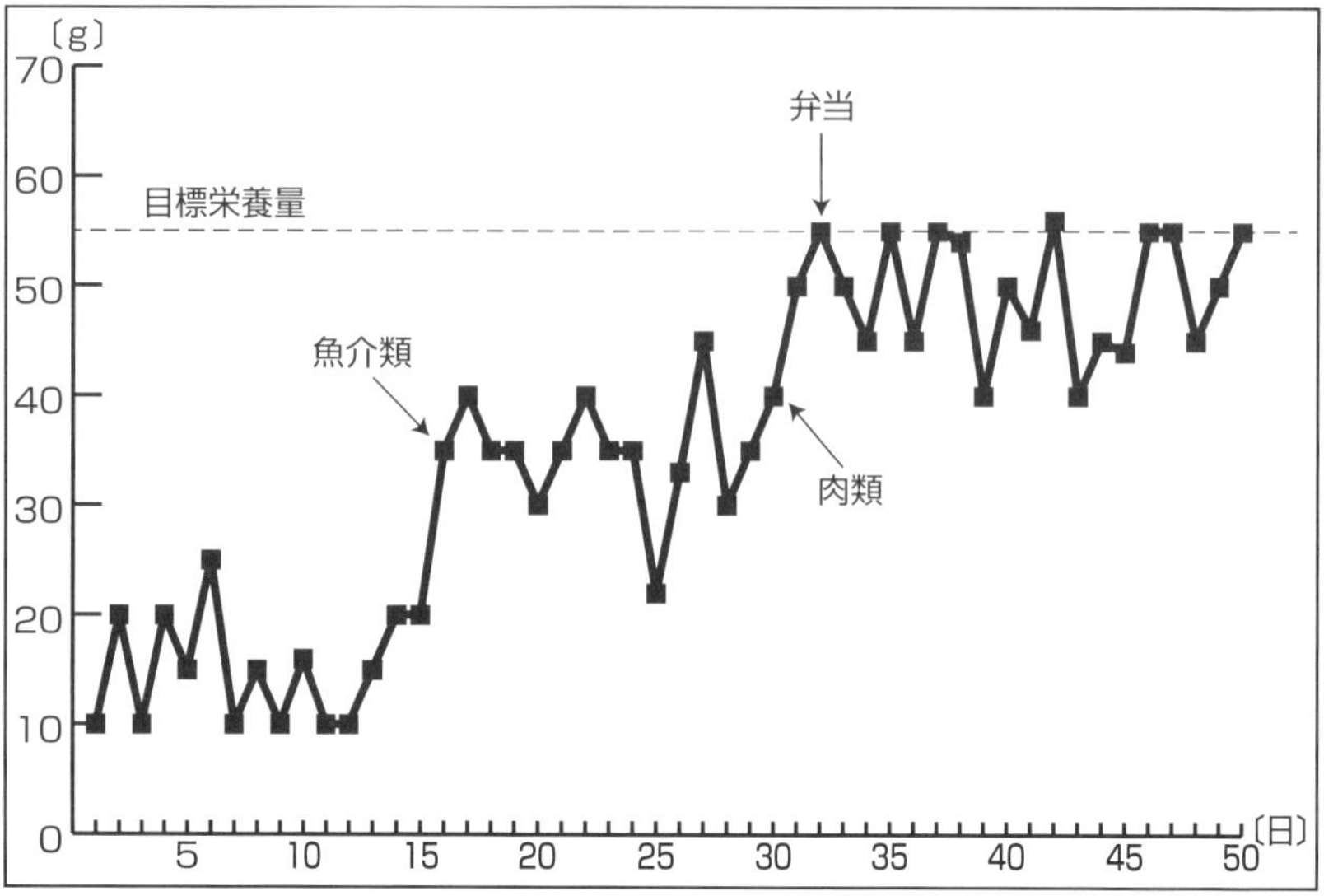

タンパク質の摂取量の推移および提供食品との関係（廣内、2014より）

できないことに備えて、栄養面に配慮した備えが必要であり、被災生活の長期化による栄養不足を補う食材が必要と思われた。

今後の対策として、栄養のバランスがとれた災害食を作れないかと思案中に、ＦＡＯが２０１３年５月にこれからの世界の食料問題に対処するために、昆虫の活用を勧める報告書を見つけた。昆虫は、高タンパクで良質な不飽和脂肪酸（血中の中性脂肪やコレステロール値を調節する）、そしてカルシウム・鉄分・亜鉛などのミネラルが豊富なものが多い。その昆虫を使った栄養バランスのよい災害食で、長期的な災害時に良好な栄養状態を保てないかと考え、昆虫食に注目した。

東日本大震災においては、広域的被災と交通事情により、多くの避難所が食糧・栄養不足、栄養バランスの不均衡が発生した。ＪＤＡの調査によると、避難所によって差が大きくあり、３週間過ぎても１日１０００キロカロリーの所もあった。避難所の食事には格差があり、いくつかの非難所は、約３週間を経ても菓子パンとおにぎり1個の食事で、さらに朝食抜き昼夜2食の避難所がいくつかあった。1人当たりの摂取エネルギーは、1週間後では1日平均500キロカロリーで、3週間後でも1日1000キロカロリーだった。災害発生の3週間後には生活不活発病や低栄養の人も現れた。野菜（ビタミン類・食物繊維）、タンパク質の不足は明らかである。災害派遣医療チーム（Disaster Medical Assistance Team：以下D-MAT）や、PCATに栄養状態の悪い避難所の情報を報告し、対策を講じた。東日本大震災におけるJDAによる調査結果である避難所の栄養素別の提供状況では、約80％以上の避難所が、栄養素の欠乏が見られ、特に果物不足のため100％の避難所がビタミンC不足だった。

避難所での食生活は時間の経過によってある程度の変化があったとはいえ、栄養バランスを整えられないことや食べても身体を動かさないという悪循環な状況もあり、慢性疾患や新たな疾患が発症したとも考えられる。

集団生活では嗜好や嚥下食のような食事形態、糖尿病食のような治療食など、個々に合った食事内容にするのは難しく、エネルギーや栄養バランスを考えた食事提供は非常に困難だ。

非常食の材料として食用昆虫が利用可能かを問うために「あなたは、FAOが2013年5月に今後の世界の食料問題に対処するために、昆虫の活用を勧める報告書をまとめているのをご存じですか？」という質問をしたところ、52％が「知っている」と答えた。さらに、「食用昆虫は未来の食材として利用できると思うか」の問いでは、65％が「はい」と答えている。

非常食の備蓄日数は、これまで3日間程度が推奨されてきた。過去の災害時において、災害が発生した後、3日もたてば道路状況も改善され、外部からの物資が届くという経験から3日分の非常食を用意しておけばよいとされてきた。しかし、東日本大震災では、原発事故やガソリン不足が原因で、10日以上物資が届かない地域もあった。２０１３年５月、内閣府により南海トラフ巨大地震の被害想定が見直され、食料の家庭備蓄７日分（１週間）が推奨されるようになったためか、７日と７日以上を合わせると13人と１番多く、３日が12人で２番目となった。農林水産省の「東日本大震災後の食料備蓄の動向」での食に関するアンケート結果の概要によると、食料備蓄の日数では、災害用の食料を備蓄している（「震災前からやっている」および「震災を機に始め、今も備蓄している」）と回答した者のうち約1年後の状況では、２週間未満の備蓄が全体の９割を超える結果となった。また、年齢別の約６ヵ月と約１年後の変化を見ると、すべての年齢層で「３日」が減少し、「１〜２日」、「１週間〜２週間未満」が増加する結果となった。

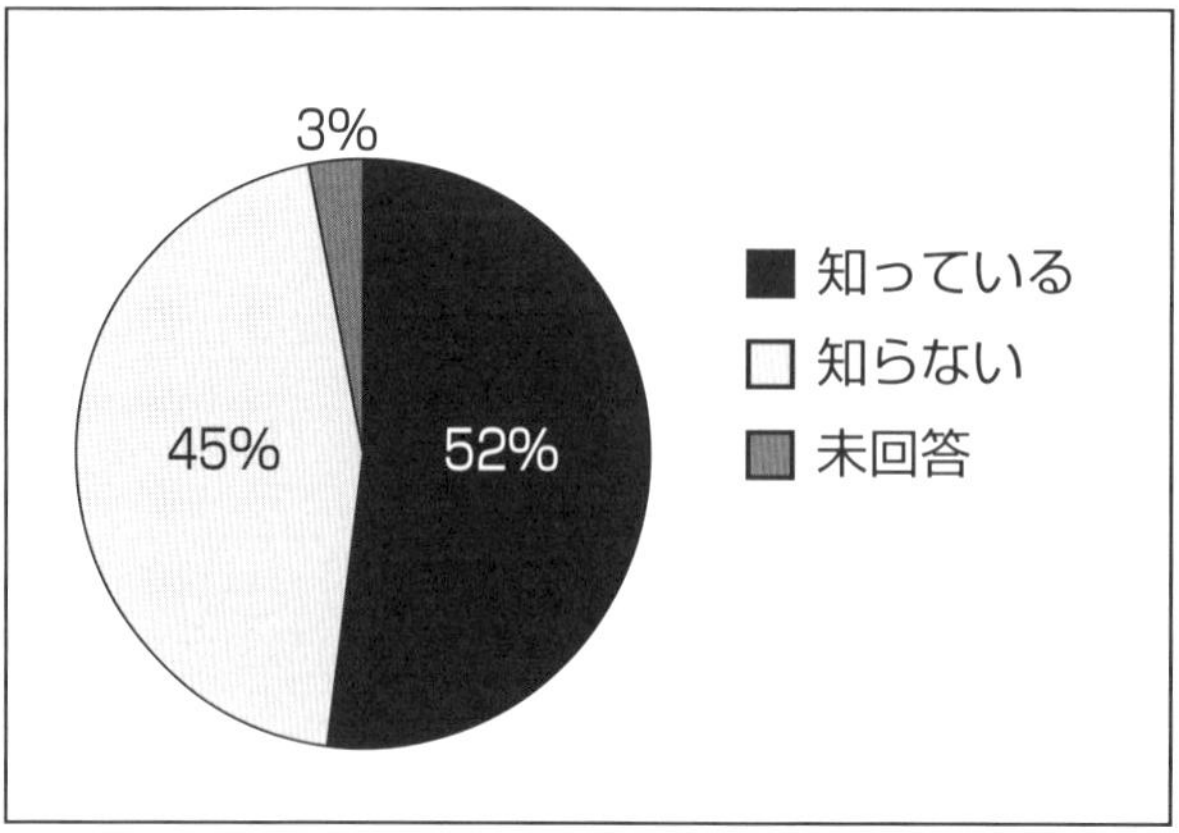

ＦＡＯの報告書の存在有無について

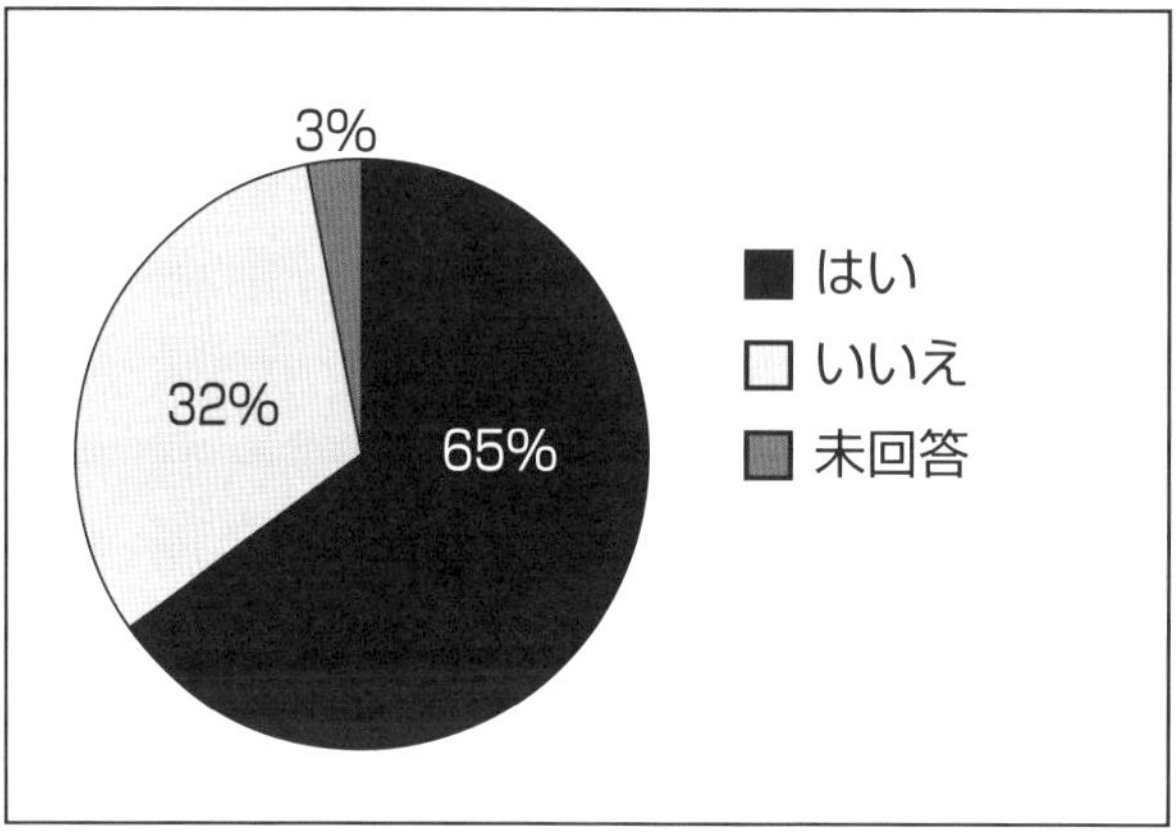

食用昆虫は未来の食材として利用できるかの問いについての回答

黒川（２００４年）の調査によると、「市販非常食の問題点」として、コストが高い、保存期間が短い、味が悪い、保管場所がとられる、治療食用の非常食が少ない等だった。一方、「非常食の新開発への希望」では、価格低下、味の改良、保存期間の延長、小型化・軽量化、１食分の栄養素をすべて満たした食品、疾患別の食品等であり、問題点の改善を強く期待した結果となっている。

今回のアンケート結果で求められる非常食の要素としては、調理の必要がなくて、すぐに食べることができて高齢者にも対応できるもの、そしてコンパクトで消費期限が長く栄養バランスに優れているものが求められている。避難所では水は貴重であり、できる限り手を汚さずに食べられることが重要であり、また、高齢者や手の不自由な人にも簡単に包装が開けられることが重宝される。今から50年前の日本では「アレルギー」はほとんどなかったが、現在では「国民の３人に１人が何らかのアレルギーを持っている」といわれているので、アレルギー対応に優れている非常食は必須だ。

非常食の材料として食用昆虫が利用可能かを聞いたが、ＦＡＯの報告書が発表されて以降、テレビや新聞、雑誌でも報道され、また、関西においても昆虫食の試食会を兼ねたイベントが増えてきていることもあり、ＦＡＯ報告書の認知度が半数（52％）を超え、65％で食用昆虫が未来の食材となると答えたと考える。

今後の災害食のあり方として、阪神淡路大震災を経験した病院栄養士は、「震災直後の食事は、一時的にエネルギー源の栄養摂取が多くなり、タンパク質が少な目になった。カルシウム、鉄分も不足しがちで、非常用食品に栄養強化食品も含める対策も必要で、大地震の恐怖とその後の余震で、患者にはかなりのストレスがかかっているので、災害直後の栄養所要量は通常と同じで十分かという点も考えなければならない」と述べている。災害時の食事を考える場合、エネルギーと各栄養素の必要量を満たすだけではなく、温度、嵩《かさ》、テクスチャー、調理の必要性、摂取頻度、栄養状態、身体状況など、対象者に応じたきめ細かな配慮が必要だ。また、長期の避難所生活者の高血圧有症率と血圧レベルが上昇しているという報告がある。運動不足や心理的なストレスに加えて、栄養バランスが悪い食事（高ナトリウム、低カリウム、食物繊維不足等）が一因となった可能性がある。被災生活の長期化に対しては、高ナトリウム（主におかず関係）の低塩化や食物繊維が豊富で、高カリウム、低ナトリウムの野菜・果物の多いメニューの充実が必要と思われる。家庭で可能な減塩災害食の備えとして、市販されている一般的な災害食は、賞味期限が長く、常温において保存可能なものとして工夫がされているが、栄養量が未表示だったり、塩分含有量が多かったりするので循環器疾患用の栄養管理を考慮し、平時から使用可能な食材をローリングストック（ストックするものを決めて、使ったらすぐ補充する方法）として常備しておくことが望ましいと考えられる。

昆虫は、高タンパクで良質な不飽和脂肪酸、そしてカルシウム・鉄分・亜鉛などのミネラルが豊富なものが多く、この優れた食材を災害食に利用できれば、避難所において発症したと考えられる、栄養バランスを整えられなかった悪循環による慢性疾患や新たな疾患を予防できる可能性がある。長野県や岐阜県では古くから昆虫食文化があり、今でも土産物として多くの種類の昆虫食が売られており、保存食としても活用できる。しかし、消費期限は長いとは言えず、姿・形もそのままでは抵抗感があると思われる。

昆虫は地球上で最も一般的な動物であり、捕まえやすく、しかもタダで手に入る食材だが、非常時に食べることができるには、平常時から食べ慣れておく必要がある。例えば、限られた食材・限られた器具での料理体験、アウトドア食やキャンプ食のような多少の不便さを経験する「不便さのワクチン」のように、「昆虫は食べ物であり、美味しい」というワクチン的な昆虫料理のイベントや試食会を体験しておくことで、非常時における昆虫食に対する心の準備（免疫）ができる。

これから備えるべき自然の危機は3つあるとされている。第1に、地震津波などの地学的危機。第2に、地球温暖化にともなって台風や集中豪雨が激化することによる風水害・高潮・土砂崩れなどの気象学的危機。そして、第3に、世界の人的交流の進展やテロの可能性が高まり、抗生物質耐性菌・インフルエンザ・出血熱などの感染症学的危機。なかでも、気になるのが、南海トラフが連動する巨大地震がいつ起こるのかである。政府の地震調査委員会は、駿河湾から九州沖の南海トラフで発生する巨大地震に関する長期評価を発表した。マグニチュード8以上の地震発生確率を今後30年以内で70～80％と予測した。「次の大地震の可能性は高まっている」との注意喚起も新たに盛り込んでいる。

また、ＦＡＯの報告書によると、非常時の状況では、病気を引き起こす最も大きな原因は栄養失調である。これは食物の量の問題だけでなく、質の問題もある。食物の供給が不安定な地域は70ヵ国に上り、衰弱した人びとは栄養強化混合食料（Fortified Blended Foods、以下ＦＢＦｓ）の提供を受けている。ＦＢＦｓとは大豆をはじめとする豆類やその他穀物を混ぜ合わせ、ビタミンなどの微量元素を添加したものだ。しかし、ＦＢＦｓで利用されている原料は多くの国において伝統食ではないため、栄養、社会、生態、とりわけ持続可能な食物の観点から適切に活用ができない問題がある。タンパク質と微量元素を豊富に含む昆虫をＦＢＦｓの原料として利用されることも検討すべきだ。※

※伝統食を利用して子どもの栄養失調を緩和するプロジェクトWinfoodはデンマークの創設されたプロジェクトで、幼児や子どもの栄養条件を伝統食の改良によって改善しようというもの。Winfoodのコンセプトは、文化や気候も大きく異なる国であるカンボジアとケニアにおいて行われた研究とともに発展した。この研究成果をもとに、Winfoodは家庭や中小企業レベルで実践していく基本ガイドラインを発展させた。カンボジアやケニアのローカルフードである昆虫は亜鉛や鉄分を含む伝統食材として重要な役割をしており、Winfoodの製品として、Winfoodカンボジア＝米、魚、クモ（タイゼブラ：Haplopelma albostriatum）、Winfoodケニヤ＝アマランサスの実、トウモロコシ、魚、シロアリ（Macrotermes subhyalinus）を開発している。

東日本大震災では被災から1ヵ月は経過していたが、炭水化物中心でタンパク質やビタミン類の不足が見られた。アンケート結果より、求められる非常食として、調理の必要がなく、コンパクトで、栄養バランスに優れているなどが挙げられた。

被災生活の長期化に対する栄養の偏りを改善する方法を模索中に、ＦＡＯが２０１３年5月に今後の世界の食料問題に対処するために、昆虫の活用を勧める報告書を見つけた。

そこで、昆虫食に対する印象を確認するために、大阪府栄養士会会員と栄養士養成校の学生を対象に昆虫食の喫食経験や印象についてのアンケートを実施することにした。

避難所生活でのストレスと栄養不良

２０１１年3月11日、東北沖での地震に津波、さらに放射性物質の飛散で、多くの人びとが緊急避難を強いられた。慣れない避難所生活でのストレス、加えて栄養不良で人びとは体調を崩したといわれている。この地震により地殻が大きく動いたことで、今後も余震やさらなる大災害が予測されると、連日マスコミが報道している。地震にかかわらず、人はいつさまざまな天災に襲われるか分からない。そのために普段から災害時の備えに注意を払っておくことが大切である。では、何をどう備えておけばいいのだろうか。まず、食糧の備蓄だが、特に栄養面についても十分考慮する必要がある。

1ヵ月以上1日1～2食、ほとんどがおにぎりや菓子パン

24年前、私たちは阪神淡路大震災という大災害を経験した。ＪＤＡではその時の教訓が東日本大震災で活かされた。ＪＤＡでは被災地支援のため、すぐに災害対策本部を立ち上げ、被害を「フェイズ０～３」

に分類、被災者への支援活動を行った。このフェイズに準じた対応こそ、24年前から取り入れた手法だった。震災発生直後は救援物資の提供が中心だったが、３日後には、避難所等で栄養相談や調査を行い、被災者の栄養状態の改善などの対策を講じた。実際に被災者の栄養状態はどのようなものだったのだろうか。慣れない避難所生活はかつてないほど長期に渡り、１ヵ月以上も１日１～２食で、ほとんどがおにぎりや菓子パン、カップラーメン、菓子類といった炭水化物中心の食事だった。温かいみそ汁も出たが、数日ならともかく１ヵ月もおにぎりとみそ汁だけとなると、やはり栄養学的には問題だった。

塩分過多で、多くの被災者が高血圧症に

避難所でのおにぎりはラップにくるまれていた。これは阪神大震災の教訓が活かされたもので、ラップ包装だと茶碗と違い、洗わなくて済み、手が汚れていても、冷たくても食べられる。ただその分、少しでも保存がきくようにたっぷりと塩がまぶされていた。そのため、ともすると塩分過多になりがち。今回は水道がなかなか復旧せず、復旧しても水が非常に貴重だったため、できるだけ排水しないよう、カップラーメンなどの汁も飲み干すことが原則とされた。こうしたことも塩分過多に拍車をかけ、１ヵ月もすると被災者の多くに高血圧の症状が表れた。また、肉や魚、大豆のタンパク質や野菜・果物類のビタミン・ミネラルが圧倒的に不足していたため、便秘や肌荒れ、免疫力の低下、さらにイライラやストレスの増大といった精神面での不調を招いた。

配分は「平等性」を重視、「栄養面」での配慮に欠ける

被災地での食料不足が連日報道され、国内はもとより世界各国からたくさんの支援物資、とくに食糧が

届けられた。ただ、保存のきく炭水化物ばかりで、しかもあまりに膨大な量だったため適切な管理ができず、配分も「平等性」が重視され、「栄養面」での配慮に欠けていた。避難所生活での栄養管理を振り返ると、前期は塩分過多で高血圧症、中期はビタミン・ミネラルが圧倒的に不足した低栄養、後期は揚げ物中心のお弁当が配られたことから過栄養が生じた。避難所生活では、光熱費をかけたくない、できれば食費を削りたい。そうした人びとの思いがこうした食事スタイルと症状を招いたのも一因していた。

健康な身体こそ、災害時の何よりの備え

避難所では、ストレスで母乳が出ない母親も多くいた。また、アレルギーの子どもが増加していたが、避難物資ではそうした子どもたちに対処できないという声もあった。いつ発生するか分からない災害に対し、私たち一人ひとりが最低限必要な栄養の知識を普段から身につけておく必要がある。水や缶詰といった非常食の備蓄はもちろんだが、加えて自身の体調管理に必要な栄養補助食品も備えておくことが大切。そして、何よりも大切なことは日頃から健康管理に努め、災害という困難にも適応できるように心身共に健康的な状態を維持しながら、防災知識のスキルアップにも努めることが重要である。

オススメの食用昆虫

昆虫エネルギー研究所
所長　**佐藤　裕一**

震災は突然にやってくるから、普段からの心がけが必要である。昆虫は食べられるということを覚えておいて損はない。では、どんな昆虫が美味しいのかということだ。美味しい昆虫として「イモムシ」が紹介されているのを見かけることがある。イモムシとはチョウやガの幼虫のうちケムシ以外のものということだが、一般的にカブトムシやクワガタムシなどの幼虫やハチやアリの幼虫などもイモムシと呼ばれる。非常に種類が多く、カミキリムシのように美味しいものから、カブトムシのように不味いもの。また、キョウチクトウスズメのように毒を持つものもいるから、詳しくない人は食べないほうが無難である。

サバイバル状況で、昆虫に詳しくない人にもオススメの食用昆虫はセミ、トンボ、バッタである。どれも美味しく毒がない。西日本に多いクマゼミは鈍感で、道具なしでも簡単に採取でき、日没後に羽化するために土から出てくる幼虫は美味で簡単に採取できる。避難所にプールがある場合はトンボの幼虫ヤゴがたくさんいるかもしれない。バッタは捕まえやすいものも多く、春先から秋まで多くの種類が現れ、密集しているところを大量に採取できる場合もある。防災の心がけとして、昆虫採集して食べてみるというのはどうだろうか。防災グッズとして虫取り網を用意するのも良いかもしれない。

セミはオススメ

第2章　災害時こそ昆虫食

２０１３年5月13日、ＦＡＯは、「将来、人口の増加などで予測される食料危機に対して、昆虫食が非常に有効な手段である」と発表した。報告によると昆虫は肉や魚に比べてタンパク質の含有量や質が高く、良質の脂肪分、ビタミン、ミネラル、食物繊維などの栄養分まで豊富。世界を見回すと日常的に昆虫を食べている国も多く、日本でも古くからイナゴをはじめ、ザザムシ、ハチの子などの昆虫を食べる文化が存在する。しかし、昆虫を食べることに、抵抗を持つ人も多い。昆虫食と聞いて思うのが、「身体に悪いのでは？」ということだろう。もちろん、すべての昆虫が食べられるわけではない。たとえば、ツチハンミョウ科の昆虫などには体液が猛毒なため食用に適していない。しかし、世の中には食べられる虫の方が多いといわれ、身近なものでいえばバッタやセミなども、食べられる。ただ、フグ毒や毒キノコ、生レバーなどでの死亡事故が起きるのと同様に、食べ方次第で体に悪影響を起こしかねないのは、ほかの食材と一緒だ。すべて茹でたり焼いたり油で揚げたりするなど、火を通す必要がある。美味しそうな虫を捕まえたとしても、決して生で食べないように。ＦＡＯが報告するように、昆虫は肉や魚にひけをとらないほど栄養分が豊富だ。多くの昆虫にはカルシウム、亜鉛などの各種ミネラルに水溶性ビタミンＢ群が多く含まれているので、健康食としても大変有能だ。なかでも、その外骨格の主成分であるキチン（食物繊維）には、腸内環境を整え、大腸がん発症を抑制する効果があるといわれている。たとえば、イナゴは鶏卵と比べても高タンパク・低脂肪で、さらにコレステロールを減らすリノレン酸（不飽和脂肪酸）も多く、ダイエット食品としてもうってつけの食材だ。身体に良いことは分かるが、食欲を減退させるような姿・形は別として、味はどうなのだろうか。実は、昆虫にはうま味成分として広く知られているグルタミン酸も多く含まれている。たとえば、アブラゼミの幼虫はナッツの香りと味にとても似ていて、ハチの子の甘露煮は、うなぎのかば焼きのような味がする。ハチの子はグルメマンガ、雁屋哲作・花咲アキラ画『美味しんぼ』（小学館）にも登場していて、海原雄山に勧められた審査員たちが、ハチの子丼を食すシーンがある。そのシーンでは「こってりとした濃厚な味、ちょっとうなぎの蒲焼きを思い出させる味じゃないか」「とても上等な味だ」などと絶賛。さらに多くの人びとに嫌われているゴキブリも、かつては様々な国で食べられていた。非常に淡白で味もエビに近いため、ロンドンではバターや穀物の粉に混ぜてペーストにし、パンに塗って食べていた。信じがたい話かもしれないが、それは現代の価値観に過ぎない。昔では常識だったり、未来ではトレンドになっている場合もある。餓死しても食べたくないと言う人もいると思う。なぜ多くの人が昆虫食を敬遠するようになったのか……。かつては日本でも、国民の半数以上が昆虫を食べていたと言われている。昆虫は伝統食といっても過言ではない。それにもかかわらず、今ではほとんどの人が昆虫食に嫌悪感を抱いている。一説によると、明治期を境に害虫駆除という概念が生まれ、嫌悪する生き物、駆除すべき存在というイメージにがらりと変わったとのこと。昆虫を食べない人が増え、親から子へ受け継がれる食習慣のなかにも組み込まれなくなったため、昆虫を食べない人が連鎖的に増えることになったのかもしれない。文化人類学者のマーヴィン・ハリスは「わたしたちが昆虫を食べないのは、昆虫がきたならしく、吐き気をもよおすからではない。そうではなく、わたしたちは昆虫を食べないがゆえに、それはきたならしく、吐き気をもよおすものなのである」と述べている。

似たものどうし味くらべ

NPO 法人昆虫食普及ネットワーク
理事長　**内山　昭一**

「昆虫ってどんな味？」とよく聞かれる。そこで味や香りの似ている食品と食べ比べてみることにした。

《バッタとエビ》　バッタはエビと味が似ているらしい。確かに江戸時代にイナゴは「陸エビ」として売られていたし、トノサマバッタは加熱すると赤くなりエビとそっくりだ。素揚げしてミルサーで粉砕したものを８人が試食。結果は、似ている＝２人、やや似ている＝５人、やや似ていない＝１人。旨味の傾向は似ているが、エビのほうが濃いと感じる人が多かった。

《タイワンタガメと洋ナシ》　タイワンタガメのオスは洋ナシの香りがするという。そこでタガメと洋ナシとタガメ香料（タガメの香りを模した化学調味料）を比べた。茹でたタガメの身をかき出し、洋ナシの皮を剥き、ミルサーにかけた。試食の結果、香りは似ているが、味では甘くて美味しい洋ナシに軍配が上がった。

「タイワンタガメと洋ナシ食べ比べ」ポスター（© 2017 小池亮）

《カメムシとパクチー》　カメムシはパクチーに譬えられる。カメムシと似た成分がパクチーにも含まれる。キュウリ、茹でたカメムシ、パクチーをミルサーでつぶして試食した。パクチーファンは「パクチーには食べ慣れた香りがあるが、カメムシには匂いがほとんどなく、青臭さも感じなかった」そうだ。「カメムシは独特のニオイと裏腹に甘めの味で意外だった」という感想もあった。調理するとカメムシ独特の匂いが薄まり食べやすくなるようだ。

第3章　昆虫食のメリット、デメリット

昆虫食の魅力

飼育に必要な飼料や水が、家畜に比べ格段に少なくてすむ昆虫は、地球環境にも優しいエコロジーな存在。メタボリックシンドロームにも有効な機能性成分を含み、動物性タンパク質の代替え的存在と考える。

栄養学としての昆虫食のメリット

昆虫は肉や魚にひけをとらないほど栄養分が豊富。多くの昆虫にはカルシウム、亜鉛などの各種ミネラルに水溶性ビタミンＢ群が多く含まれており、健康食としても大変有能。なかでも、その外骨格の主成分であるキチンには、腸内環境を整え、大腸がん発症を抑制する効果があるといわれている。たとえばイナゴは、鶏卵と比べても高タンパク・低脂肪で、さらに悪玉コレステロールを減らすリノレン酸も多く、健康食品としても有効食材と考える。昆虫食には健康増進、疾患予防などに寄与するような機能性成分も見つかっている。

エビ・カニなどを加熱すると赤くなるが、これは抗酸化能が非常に強く、機能性も多く報告されているアスタキサンチンを多く含有するため。実は昆虫にも含まれるため、バッタの仲間も加熱により赤くなる。

草食性のこれらの昆虫はやはり機能性成分のβカロテンをはじめとするカロテノイドを多く含むことが分かっている。

一方でエビ・カニ類はβカロテンを含有しない。実際にマウスを用いた食餌実験から、昆虫食がメタボ改善に効果的であることが指摘されている。昆虫食はその高い栄養価と同時に機能性も併せ持つことで、飢餓問題と肥満問題の両方を解決に導く近未来の食品となることが期待されている。

昆虫食の注意点

自然から直接命をいただく際にはどんなものであれ、危険が伴う。まずは経験者とともに、楽しい昆虫食ライフを楽しんでみることだ。エビ・カニアレルギーの人や、一部の虫は毒をもっているので注意が必要。絶対に生では食べないこと！　必ず加熱して食べること。

猛毒カンタリジンをふくむツチハンミョウ科の昆虫：カンタリジン（cantharidin）は、エーテル・テ

マルクビツチハンミョウ（ツチハンミョウ類）

マメハンミョウ（ツチハンミョウ類）

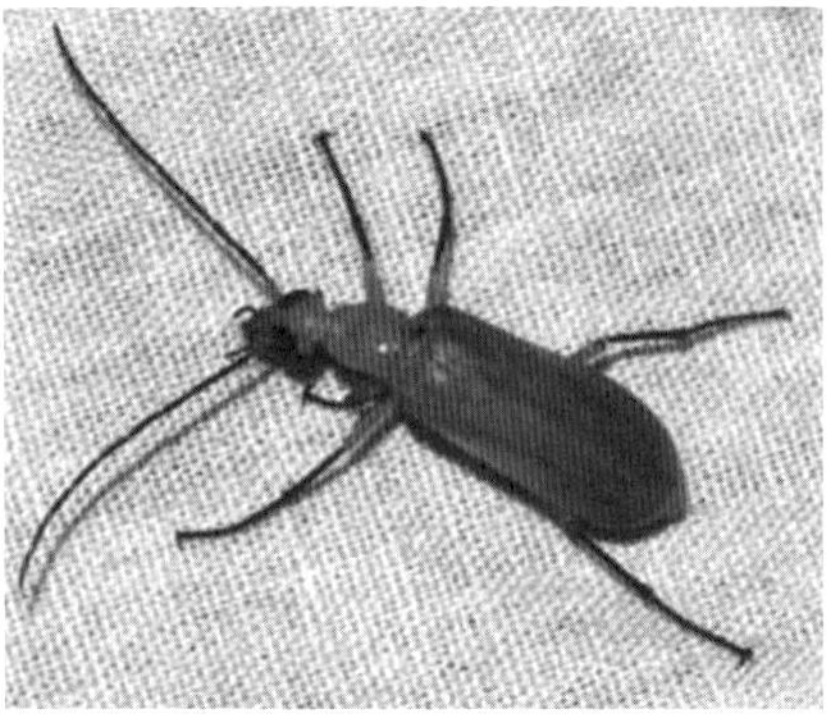

キイロゲンセイ（カミキリモドキの仲間）

ルペノイドに分類される有機化合物の一種。昇華性がある結晶で、水にはほとんど溶けない。皮膚につくと痛みを感じ、水疱を生じる。日本ではツチハンミョウ類やカミキリモドキの仲間はカンタリジンを持つ昆虫として有名。致死量は10～80㎎で、時代劇によく出てくる毒薬として有名で、成虫の粉末数匹分の飲用で人は死に至る。

ペデリン毒：カンタリジンよりは毒性は弱いが、ペデリンという毒を体液に含むアオバアリガタハネカクシも同様に、食用は厳禁。

オオヒラタシデムシ

オオヒラタシデムシの幼虫

ツノグロモンシデムシ

アオバアリガタハネカクシ

セアカコケグモ

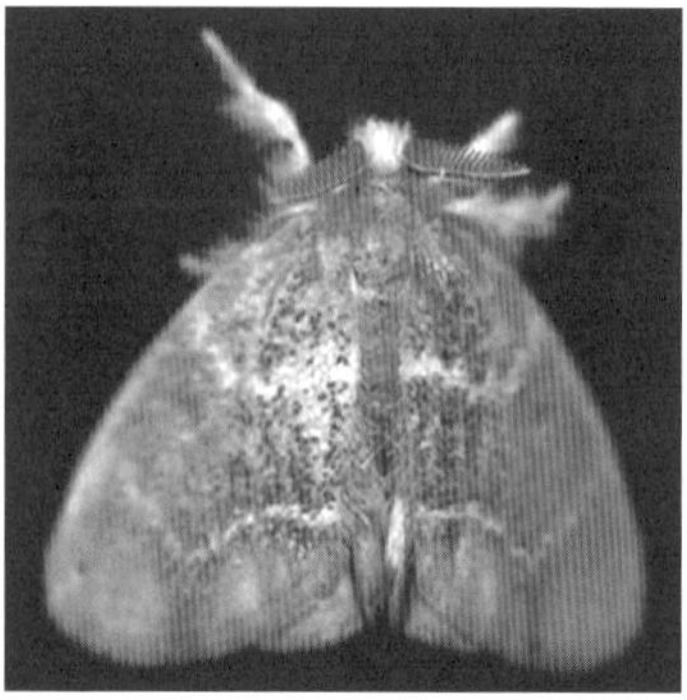

チャドクガの成虫

シデムシ（死出虫）：シデムシは「動物の死体を食べる昆虫」なので、衛生面の問題で食べるのを避けたほうが良い。ちなみに味はきわめてマズく、強烈にくさい臭いがある。

チャドクガ：幼虫は茶、ツバキ、サザンカなどツバキの仲間の植物を食べる。幼虫は毒針を持ち、これにふれると皮膚炎になるので、むやみに採集しないほうが良いだろう。

セアカコケグモ：本種は強い神経毒を持ち、咬まれると激しい痛みに襲われるので、むやみに採集しないほうが良い。

キョウチクトウ

チャドクガの幼虫

キョウチクトウスズメ：キョウチクトウは微量を摂取しただけでも死に至る。極めて強力な経口毒性（オレアンドリン）をもつ植物で、その葉を食べるキョウチクトウスズメの幼虫は体内に毒素を保有している可能性があるため、間違っても口にしてはいけない。

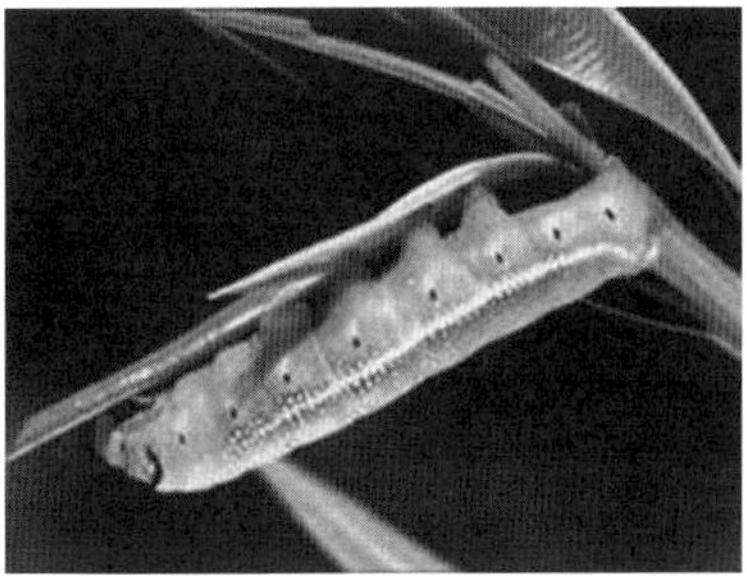

キョウチクトウスズメの幼虫

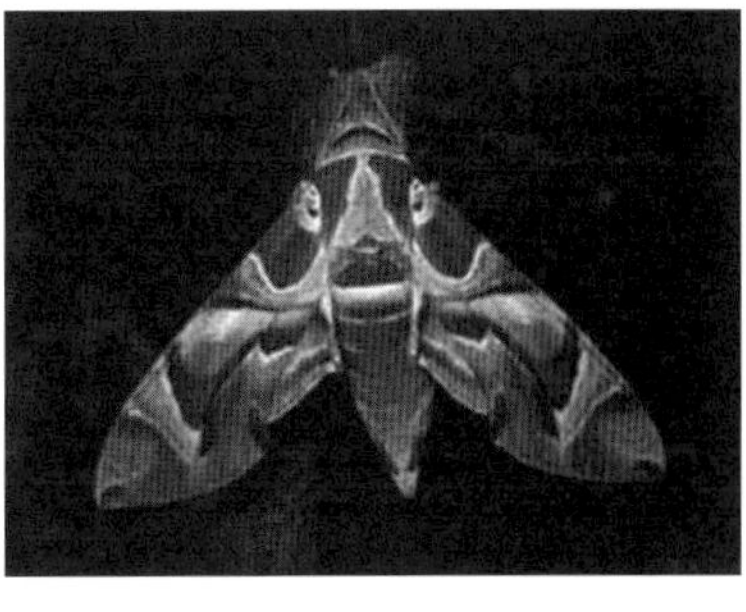

キョウチクトウスズメの成虫

採って楽しい、食べておいしい

伊丹市昆虫館学芸員
副館長　**坂本　昇**

1996年の企画展「秋の鳴く虫」の中で、いなごの佃煮を展示した。それをきっかけに昆虫食にハマリ、食べる地域を訪れ、たびたび展示やイベントをおこなってきた。昆虫食の取材では、食べるだけでなく採るところや飼うところを見ることがあるが、とても楽しそうなのが印象的だ。料理しているときには、「メスは卵が入っていておいしいよ」なんて見せてくれる。そんなことを紹介したくて、昆虫食の事業を続けている。

2015年の企画展「昆虫食―とる・つくる・たべる」では伝統的な昆虫食を中心に、近年の話題としてFAOの報告書や松井欣也氏の災害食の研究も盛り込んだ。日本を含む9ヵ国約40品目の昆虫食を写真とともに展示し、サブタイトルのとおり採集や飼育、調理などを実際の道具や豊富な写真、映像、レシピなどで紹介した。昆虫食には、採る、飼う、調理する、味わうというさまざまな楽しみと、そのために人々によって培われた知識がある。十分ではないが、それをある程度紹介する展示になった。

東南アジアの昆虫食展示（2015年）

伊丹市昆虫館のある京阪神地域は昆虫食の文化がないため、馴染みがないどころか嫌な顔をする人も多い。展示室にいるとお客さまが驚きの声を上げているのをよく耳にしたが、怖いもの見たさかジックリ見ていく人も多かった。展示では味が分からないため、私たちが食べた感想などを手書きで書いた「味メモ」を各所に置いたところ好評で、期間中に行った試食会にも多くの人が訪れてくれた。

これからも楽しさ、おいしさを共有してゆきたい。

第４章　昆虫食イベントで感じたこと

昆虫食イベントに私が初めて参加したのは２０１４年、７月21日、第４回関西虫食いフェスティバルでの講演である。昆虫エネルギー研究所の佐藤裕一氏からの依頼で、「災害時における昆虫食の有用性」というタイトルで約１００人の前で講演した。伊丹市昆虫館近くのスワンホールでの開催であったが、こんなに多くの人が昆虫食に興味をもっているのかという驚きであった。昆虫料理研究家の内山昭一先生の講演が冒頭にあって、その話の中で、関東と関西では昆虫食の認知度には差があるとのこと。昆虫食文化が根強い長野県や岐阜県が近いからなのか関東の方が関西より昆虫食の関心度は約10％高いらしい。私もそれを確認するために、アンケート調査を行い、内山先生の『昆虫食入門』（平凡社新書）に書かれてあった数字と比較してみた。私が大阪で行ったアンケート調査結果では、昆虫食を「食べたことがあり、また食べたい」と「食べたことはないが食べてみたい」が27％であったが、内山先生の結果（東京）では40％で、13％の差がみられた。内山先生は東京を中心に多くの昆虫食イベントを開催しており、ＦＡＯが２０１３年５月に昆虫食についての報告書を発表してから、マスコミやイベント出演に大忙しである。関西での昆虫食イベントは昆虫エネルギー研究所（以下、昆エネ研）の佐藤氏が勢力的に行っているが、昆虫食の書籍を多く発刊しており、イベント回数も多い内山先生にはかなわない。内山先生も所属しているＮＰＯ法人食用昆虫科学研究会（Edible Insect Science Meeting　以下、ｅ-ｉｓｍ）に私も所属し、昆虫食に関する情報を入手していた。ｅ-ｉｓｍでは毎年お台場で開催されているサイエンスアゴラに昆虫食のブースを出展し、昆虫食の啓蒙活動に力を入れている。

2回目の昆虫食イベント参加は、2014年11月8日のサイエンスアゴラで、内山先生やe-ismの副理事の水野氏らとアンケート調査をした。この年のテーマは「あなたと創るこれからの科学と社会」で、3日間（7〜9日）の参加者数は1万人を超えていた。科学に関するイベントだけあって、想像以上の人が昆虫食にも興味を持ってくれて、カイコの糞茶、カイコ蛹の佃煮、イナゴの甘露煮などを食べて、アンケートに答えてくれた。その後、内山先生が関西での講演会やイベント開催には、できるだけ参加し、手伝っている。昆エネ研の佐藤氏とも、第4回関西虫食いフェスティバルに参加してから、毎年裏方として食用昆虫（セミ幼虫やカナブン、シロテンハナムグリなど）の提供や調理補助で協力している。また、第4回関西虫食いフェスティバルで紹介してもらった伊丹市昆虫館の坂本昇副館長とも情報交換をしている。

その後、6回ほど内山先生、佐藤氏のイベントに参加し、昆虫食に関する試食会やイベントの進め方を会得できたので、2017年8月5日、東大阪大学短期大学部での「親子参加型の昆虫食イベント」を企画し、佐藤氏を講師として招き実施した。テレビ大阪や地元のケーブルテレビ、産経新聞社の個人的に昆虫食に興味のある記者も取材しに来てくれ、大学の近隣以外の遠方からも親子連れが参加して大盛況だった。付き添いの親は食べない人もいたが、子どもたちは躊躇なく食べてくれた。特に人気があったのはセミ幼虫の串カツとへぼ飯（クロスズメバチ幼虫の甘露煮をごはんに混ぜたもの）であった。また、この日に合わせて「シルク醬油（カイコの繭から作った醬油）」のお披露目もあり、テレビ局の記者が味見をし、「甘みのある醬油で美味しい」とコメントしてくれた。そして、実践食物学科栄養士コースの2年生で、私のゼミ生（卒業研究として昆虫食を選択した学生）の男子2人も参加し、セミ幼虫の串カツや天ぷらなどを作ってくれました。このイベントからだったと思うが、株式会社昆虫食のentomoの松井崇社長が輸入している、カナダで養殖された食用昆虫（ヨーロッパイエコオロギとミールワーム）の粉末と形のままでローストされた商品を使ったクッキーや料理などの試作を開始した。２０１７年の9月から、いつも関西虫食いフェスティバルで昆虫食料理を作っている「なんば赤狼（ジビエ料理）」の店長にも協力してもらい、いろいろな料理を考案してもらった。月に1回のペースで赤狼を貸し切り、昆虫食の試食会を12月から開催することになった。記念すべき第1回は、あいにく私は体調を崩して参加できなかったが、大盛況で若い男女が25人も集まってくれた。ただ、私が休んでしまったので、松井社長と店長も大忙しで、アンケートをすることができなかったのが残念だった。料理は「とても美味しかった！」と大好評でした。第２回の参加人数は７人と少なくなったが全員若い女性で、料理も大変気に入ってくれた。その日は朝日新聞の記者も取材に来てくれ、ネット上のデジタル版で記事を掲載してくれた。第3回の参加者は全員若い男性で、アルコールの売り上げに貢献できた。あるイベントでは、年配の女性から「昆虫食といえば東大阪大学」と言っていただいたときはとても嬉しく思った。その甲斐あってか、私の研究テーマの１つである昆虫食を選択したゼミ生も2年連続男子だけだったのが、男子2人、女子2人となった。

２０１４年7月～２０１７年12月末までで、20回の昆虫食イベントに参加、主催した。２０１８年に入ってからは松井社長との共同開催が多くなり、２０１９年7月末現在で50回目のイベント回数となった。その間、各マスコミにも取り上げられ、新聞（紙面・デジタル版）やテレビ（朝日放送テレビ「キャスト」）にも「災害時における昆虫食の取り組み」を放映してくれた。マスコミに大きく取り上げられるキッカケを作ってくれたのが、東大阪新聞社の小野元裕社長で、私の取り組みを詳しく記事に掲載してくれた。また、東大阪新聞チャンネルの収録場所が東大阪市役所のローカル記者クラブだったので、その縁で朝日新聞2月17日付「なにわびと」に掲載してもらった。その日は友人や先輩からのラインやメールでの祝福メッセージが届きとても嬉しく思った。その後、朝日放送テレビの災害特集番組担当の記者が私の研究室を訪れ、イベントの予定に合わせて、数日に渡る撮影となった。2019年5月24日、朝日放送テレビ・キャスト「災害列島」の放送間際まで撮影が重ねられた。伊丹市昆虫館での坂本副館長との会話をしながらの撮影は珍しい生きた昆虫を示しての解説だったのでとても楽しくできた。道の駅「奥河内くろまろの郷」での昆虫食イベントを実施しながらの撮影は大掛かりで、子どもたちの安全確保のためにも、私のゼミ生6人も総動員して手伝ってもらった。ほとんどが河内長野市内の親子連れで、昆虫採集後に捕まえた昆虫を茹でて食べるイベントだったので大変だったが、奥河内くろまろの郷の施設長やゼミ生もしっかりとテレビに映っていたので喜んだ。また、元勤務地（某国立病院）敷地内での昆虫採集風景の撮影では、病院名が分からないようにすることを条件で、撮影許可を得た。約10分の番組放送後、友人や先輩、卒業生からもラインやメールで「見たよ！」「顔綺麗に映っていたので化粧でもしてたの？」「番組構成が良く、言いたいことが伝わった！」と褒めてもらった。しかし、昆虫学の専門家からは、映っていた昆虫の名前が違うかもと厳しい意見ももらい、反省しきりだった。

ネット検索で調べたと、滋賀県の高校生（虎姫高校）から電話があり、昆虫食について詳しく聞きたいので東大阪大学まで行きたいと……。男子2人、女子2人が遠路はるばる取材に来た。事前に知りたいことをメールでもらっていたので、一通り講義した後、試食してもらうことに……。ほとんどが形のある昆虫食だったので、男子は少し躊躇して食べたが、女子は躊躇なくパクリ。また、食べた感想も「お地蔵さんの様な味がした」と……。今までのイベントで初めて聞く味の表現にビックリした。

今まで50回のイベントを経験したが、男性よりは女性の方が躊躇なく食べる傾向がみられた。これは関東のイベントでも同様の傾向があるらしい。男性は昆虫好きが多く、素手で掴むことができるが、いざ食べるとなると躊躇してしまう。女性は昆虫嫌いが多く触れられないが、興味本位が旺盛なのか躊躇なく食べることができるようだ。粉末を使った料理は全く問題なく、ほとんどの人が美味しいと食べてくれる。しかし、姿・形が残っている料理は、はっきりと分かれる。今までに食べて美味しいと思った人は、初めて食べる昆虫でも挑戦してくれるが、昆虫に対して嫌悪感の強い人は、なかなか食べようとしない。確かに、年々各所で昆虫食が話題になっており、昆虫に対する抵抗感は薄れつつあることは感じられる。見た目の悪さは、天ぷらやカツの衣や餃子の皮などで隠せば、なんとかなるが、相対的に不味い昆虫は少ないものの、触感や後味（硬い足が最後まで口に残るなど）の悪さを克服することが重要と考える。

アンケート調査結果

ｅ－ｉｓｍの会員は昆虫食普及活動の一環として毎年「サイエンスアゴラ」に参加している。サイエンスアゴラは、東京お台場において毎年３日間開催される科学の祭典である。今回のサイエンスアゴラ２０１５のテーマは「つくろう、科学とともにある社会」で、参加者数９１４５人、出展企画数１９５プログラムであった。ｅ－ｉｓｍは２０１３年には今までの啓蒙活動の実績が認められ、優れた団体に贈られるサイエンスアゴラ賞を受賞している。

２０１５年11月14日、15日の両日、ｅ－ｉｓｍのブース出展を訪れた人にアンケートを実施し、昆虫を試食してみたいと思った理由、出身県、これまでの昆虫食の経験について調査した。エビ・カニアレルギーの有無、体調を確認し、同意書に記入してもらってから、カイコの糞茶、カイコ蛹塩麹漬、イナゴ佃煮、地蜂クッキーなどを試食してもらい、アンケートに答えてもらった。対象者の１５７人中、男性は75％、女性25％であった。

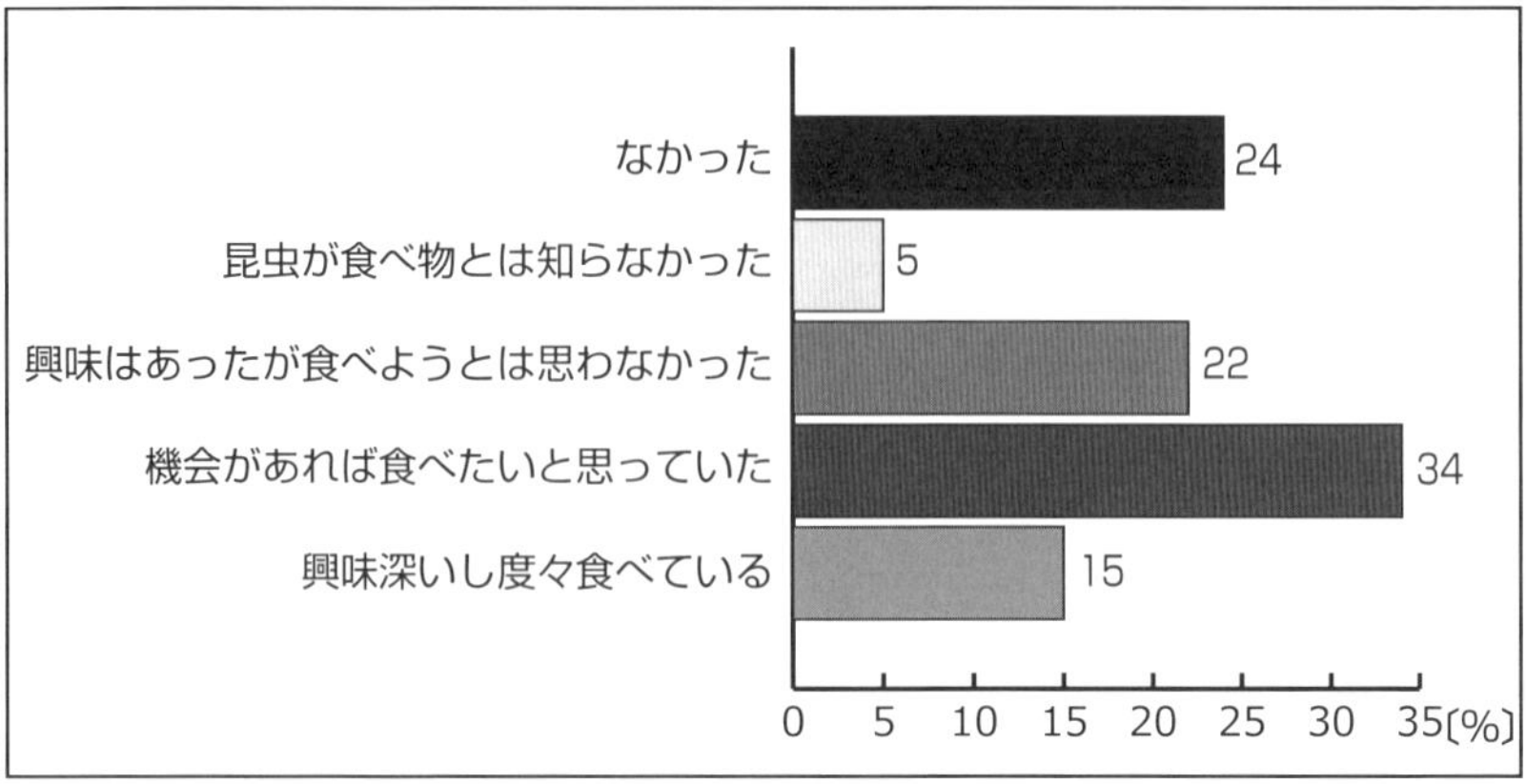

アンケート「これまでに昆虫食に興味はありましたか」(n=157)

昆虫食への関心度

「これまでに昆虫食に興味はありましたか」の問いへの回答結果は、「なかった」が24％、「昆虫が食べ物とは知らなかった」は5％、「興味はあったが食べようとは思わなかった」が22％、「機会があれば食べたいと思っていた」は34％、「興味深いし度々食べている」が、15％であった。

出身地

関東地方のみでは62％で、東日本としては84％、西日本が16％であった。

昆虫食を食べようと思った理由

「新しい味に挑戦したいから」が1番多く、18・6％で、2番目が「話のネタになりそうだから」が18・2％であった。次いで「テレビ、雑誌、新聞などメディアで目にしたから」が12・5％、「食糧危機に備えて必要だと思うから」が12・1％であった。

昆虫料理を食べた経験の有無

「ない」が41％、「家庭で」が28％、「去年以前のサイエンスア

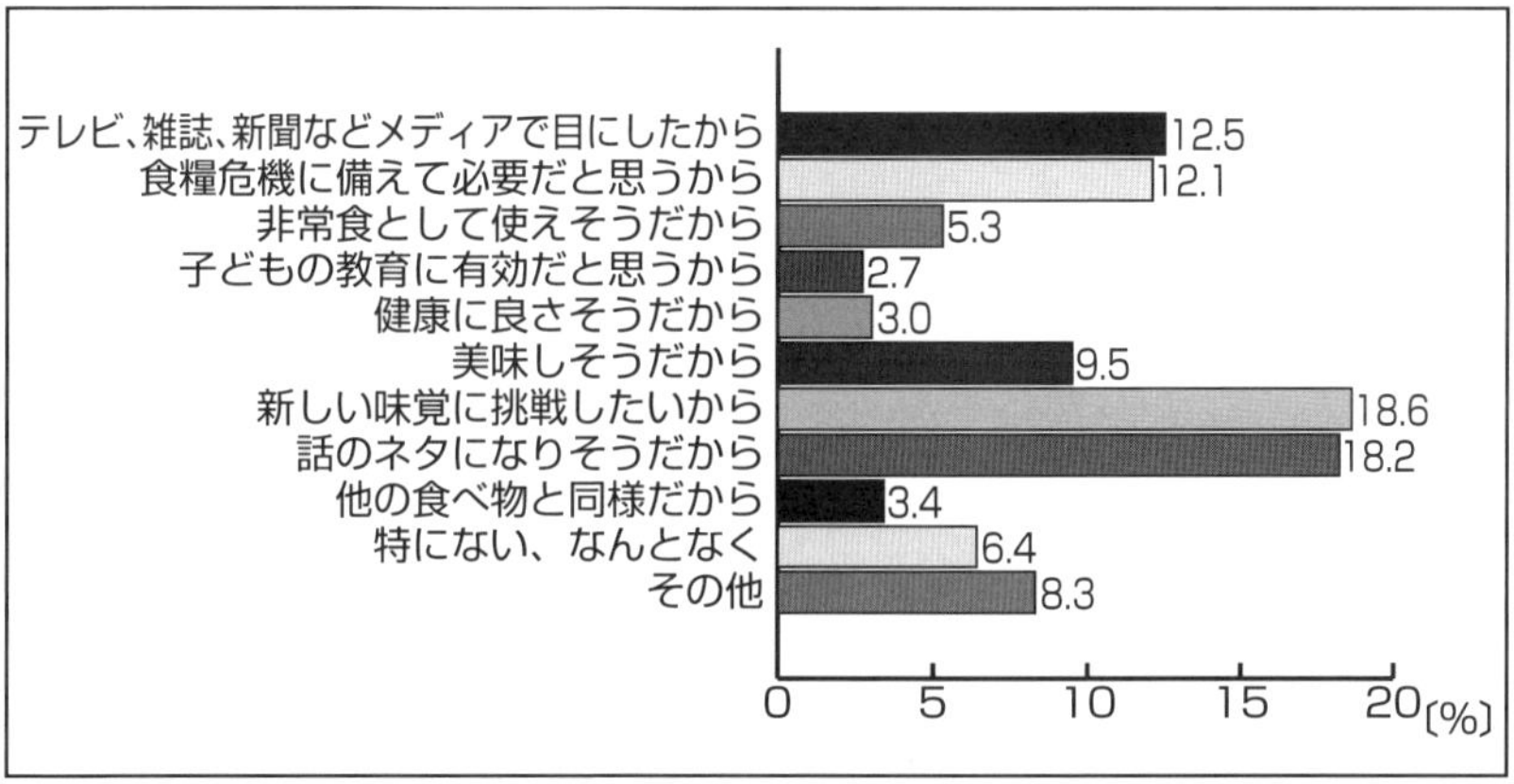

アンケート「昆虫食を食べようと思った理由」（n=157、複数回答可）

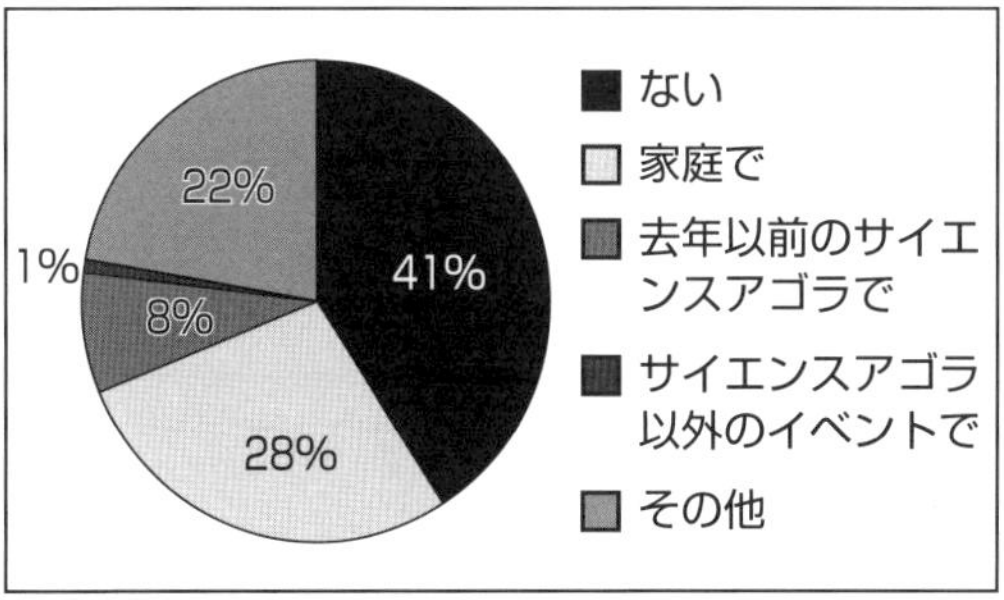

アンケート「昆虫食を食べた経験の有無」
（n=157）

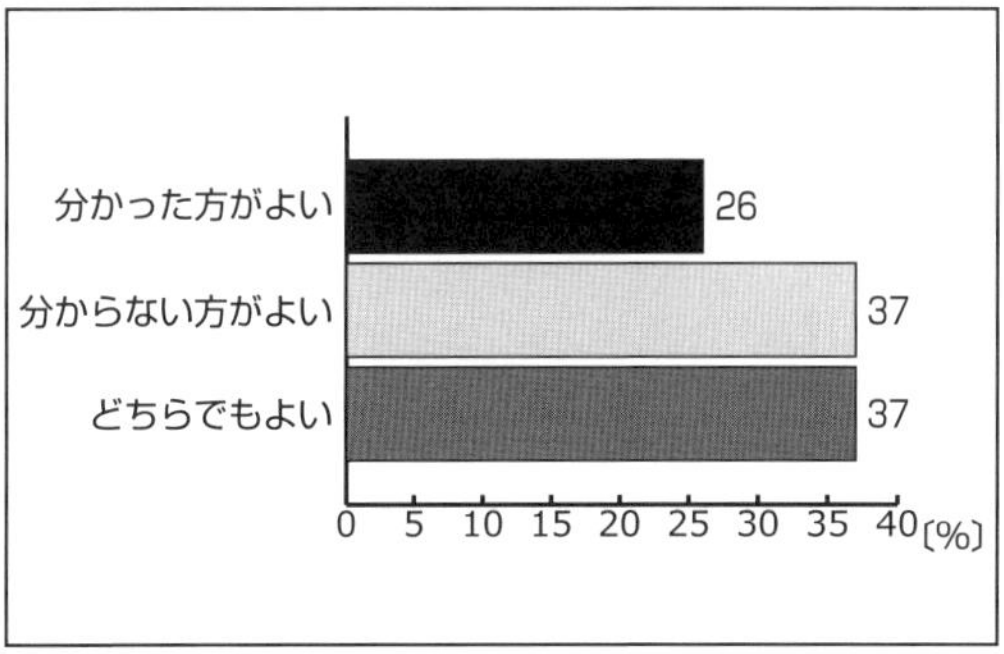

アンケート「昆虫と分かる状態の昆虫料理について」
（n=157）

ゴラで」が８％、「サイエンスアゴラ以外のイベントで」が１％、「その他」が22％であった。

昆虫と分かる状態の昆虫料理について

「分かった方がよい」が26％、「分からない方がよい」が37％、「どちらでもよい」も37％であった。

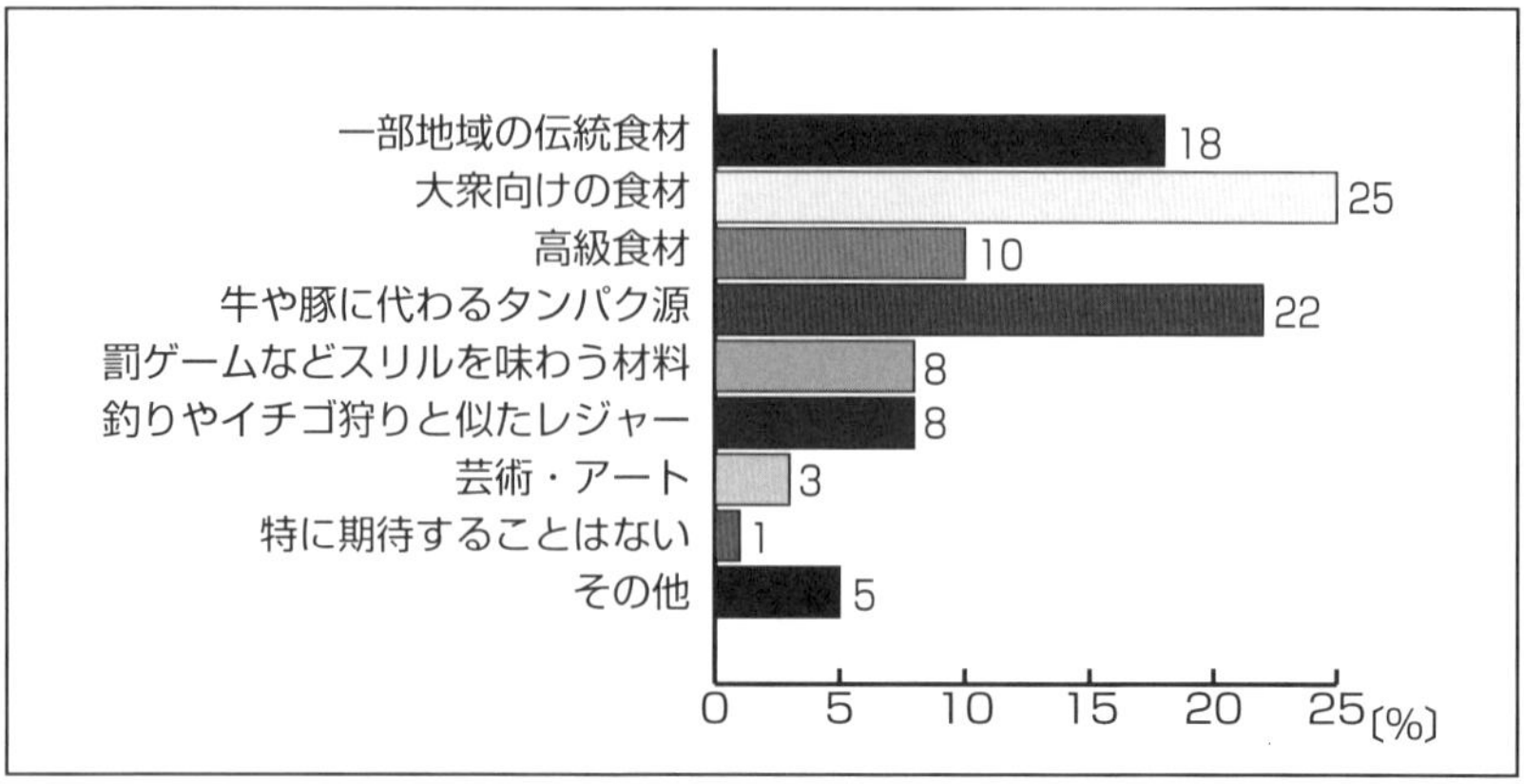

アンケート「期待する食用昆虫の活用先について」(n=157、複数回答可)

期待する食用昆虫の活用先について

「大衆向けの食材」が25%、「牛や豚に代わるたんぱく質」が22%、「一部地域の伝統食材」が18%であった。

サイエンスアゴラでのアンケート調査結果より、対象者は関西とは違い、昆虫食文化圏内でもあり、昆虫食のイベントも頻繁に行われていることから、6割近くが昆虫を食べていたと思われる。昆虫食を今までに食べたことのある経験者は、昆虫に対しての偏見や先入観が少なく、食材としても受け入れやすいのではないかと考える。上図の結果(期待する食用昆虫の活用先)でも、「大衆向けの食材」が25%と一番多く、次いで「牛や豚に代わるたんぱく質」が22%であったことからも、昆虫食の受入度合いが高いと感じた。

昆虫の種類は80万種とも100万種ともいわれ、全生物の70%を占めるほど「虫の惑星」と言われるように、極地を除く地球上に遍く存在しており、日本には10万種生息していると言われている。昆虫は一般には良質なたんぱく質と脂肪、ビタミンやミネラルが豊富と言われているが、ばらつきがあるのも事実である。また、自然界の昆虫を食用とする場合、栄養素供給源としては効率が悪く、あてにはならず、大部分の昆虫は普通の家畜や野生脊椎動物、無脊椎動物に比べて一定の収穫量に対する時間的、またエネルギー上のコストという点からみるとたしかに劣っていると思われる。これから昆虫食を広めていくには、いかに安価で大量に生産するか、または採集することができるかが問題であり、さらにどのように調理して食べるかも課題となってくると考える。

昆虫食は世界を救うか？

NPO 法人食用昆虫科学研究会
副理事長　**水野　壮**

2013 年、国連食糧農業機関は昆虫食を推奨する報告書を発表した。昆虫は「環境への負荷が低い食用タンパク源」であることが紹介された。これを機に、食用昆虫の大規模養殖を目指すベンチャー企業が多数登場している。

しかし、欧米を中心に進むこの大規模養殖の動きを「食糧危機の解決」と意義づけをすることには疑問符がつく。なぜなら、食糧問題の本質は食料の供給量というよりむしろ経済格差による分配の問題が大きいからだ。昆虫養殖ビジネスは、先進国内の食糧や経済を豊かにするが、昆虫食に親しんできた途上国の支援に必ずしもつながっていないのである。

昆虫を食べるラオスの人びと

アジアやアフリカの途上国では、農家の兼業で小規模な昆虫養殖が行われている。これは老人や育児期の女性でも従事できる現金収入の手段であり、経済的に重要な価値を持つ。昆虫食は、地域の伝統的食文化であり、経済的にも大きな役割を果たしてきた。この価値をきちんと評価し、地域社会の発展に活かしていく必要がある。

私の所属する NPO 法人食用昆虫科学研究会では、ラオスで 15 年活動する NGO 法人 ISAPH と共同で現地の農家とともにゾウムシ幼虫の養殖開発を進めてきた。昨年はパイロット農家によるゾウムシ生産が成功し、今後大きな収穫が期待できるようになった。近い将来、ラオスの市場に子どもたちの大好物であるゾウムシたちが並ぶことだろう。

人間と昆虫との伝統的な価値を尊重し、途上国に寄り添う形で食糧問題が解決されることを願う。

第5章　昆虫食の今後

昆虫食の課題

約１００年前は、日本全土で昆虫は食べられていた。しかし、今ではほとんどの人が昆虫食に嫌悪感を抱いている。一説によると、明治期を境に害虫駆除という概念が生まれ、嫌悪する生き物、駆除すべき存在というイメージに変わった。昆虫を食べない人が増え、親から子へ受け継がれる食習慣のなかにも組み込まれなくなったため、昆虫を食べない人が連鎖的に増えることになったと考える。

また、昆虫に対するアンケート調査の結果、見た目の悪さ、グロテスクで食べる気がしないなどの意見が多かった。

昆虫食の可能性

日本には、イナゴやハチノコ、カイコなど昆虫食の歴史は長く、養殖技術が向上し、嫌悪感の少ない粉末状の食用昆虫を使ったレシピ紹介や商品開発をすることで、昆虫食文化は復活すると考える。

災害時での昆虫食の有効性

高栄養価で優れた食材の昆虫を長期的災害時に備え、長期保存用に加工すれば、栄養バランスのとれた災害食にもなると考える。また、身近で手軽に採取できる昆虫が食材であると言う認識があれば、いざという時の食糧として活用できる。

昆虫食と家畜等の栄養価比較

ＦＡＯは２０１３年５月13日、食品及び飼料における昆虫類の役割に注目する報告書（全２０１ページ）を公表した。概要は以下の通り。

・昆虫類の担う役割
・昆虫食性の文化、宗教観及び歴史
・天然資源としての食用昆虫類
・食品及び飼料用としての昆虫類の繁殖に関する環境機会
・ヒトの消費用の昆虫類の栄養価
・動物用飼料としての昆虫類
・昆虫類の飼育
・食品及び飼料用の食用昆虫類の加工
・食品安全及び保存
・生活改善の起爆剤としての食用昆虫類
・経済：現金収入、事業振興、市場及び貿易
・食品及び飼料としての昆虫類を広めるために
・食糧確保を意図した昆虫類の使用を規制する規則の枠組

家畜と食用昆虫のたんぱく質、脂肪などの栄養価
100g 当たり (乾物量%)

	食　材	たんぱく質	脂　肪	※その他
家畜	豚肉 (かたロース)	72.0	24.0	4.0
	牛肉 (かたロース)	56.0	41.0	3.0
	鶏肉 (むね皮つき)	52.0	46.0	2.0
	鶏卵	51.5	43.1	5.4
食用昆虫	イナゴ	76.8	5.5	17.7
	マダガスカルゴキブリ	70.1	25.5	4.4
	セミの幼虫	67.5	17.6	14.9
	コオロギ	66.6	22.1	11.3
	カイコのさなぎ	63.0	30.0	7.0
	シロアリの幼虫	25.6	64.1	10.3

内山昭一 昆虫食入門：平凡社 2012.　p152 より改変
※その他は炭水化物・灰分など

・前進に向けて

ＦＡＯがオランダのヴァーヘニンゲン大学と共同で行った調査研究によると、全世界で、ヒトは１９９０種類を超える昆虫類を食している。消費量が多いのは、カブトムシ（31％）、ケムシ（18％）、ミツバチなどのハチ及びアリ（14％）、イナゴなど（13％）である。昆虫類の多くはタンパク質及び良質の脂肪を多く含み、カルシウム、鉄分及び亜鉛の量が豊富。

鉄分含有量は、牛肉では乾燥重量１００ｇ当たり６㎎であるのに対し、イナゴ類では乾燥重量１００ｇ当たり８～20㎎である。

昆虫の飼育が産業化されれば、フィッシュミールの代わりに昆虫ミールを家畜用飼料に使用することにより、いずれコストの低減が可能となるであろう。また、ヒトの消費に回る魚の供給量が増加するメリットも考えられる。

ほとんどの先進国では、法律でスラリー（泥状・粥状）または残飯などを実際に動物に給餌することは禁止されているが、昆虫類を飼育するとすれば、通常その餌の材料には、禁止されているこれらが使われると考えれる。特に廃水で昆虫を飼育する場合は、さらなる調査研究が必要となるだろう。しかし、昆虫類は、ほ乳類と生物学的に大きく異なることは科学者が広く理解するところであり、昆虫類の疾病が

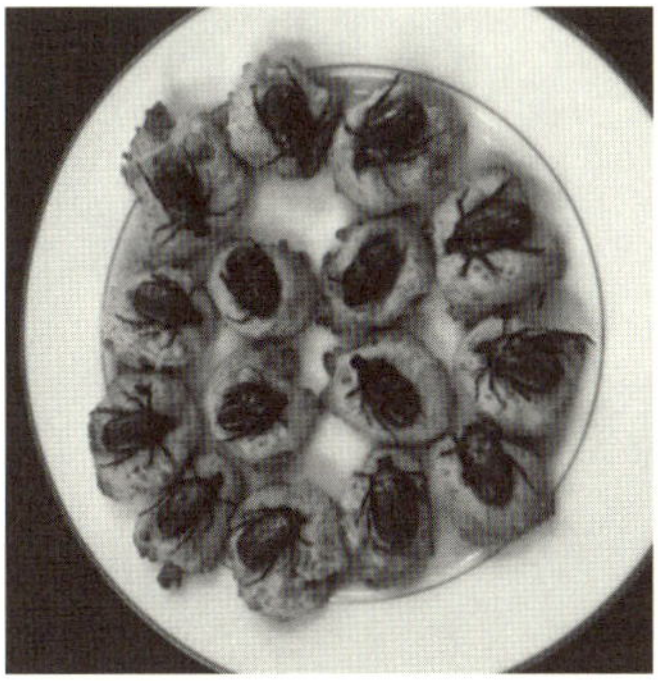

カナブンクッキー

サイエンスアゴラにて昆虫食の試食会

ヒトに伝播するとは非常に考えにくく、今のところ報告例もない。

法律も、ヒトが消費する食品への昆虫類の使用を禁じている場合が多いが、途上国において新開発食品を販売する店及び新開発食品を出すレストランが増加していることから、ヒトが消費する食品への昆虫の使用は大幅に容認されているようだ。

他の種類の食品と同様、ヒトの健康に影響を及ぼす可能性がある細菌および他の微生物の増殖を抑えるため、生産、加工及び準備が衛生的に行われるべきである。食品安全基準を昆虫類及び昆虫類由来の製品へ拡大適用することも可能だ。また、当該食品及び飼料に対する消費者の信頼を得るためには、生産チェーンに沿った品質管理基準が重要な鍵となるだろう。

昆虫類の担う役割

世界各地で食されている昆虫は2000種以上で、アジア、アフリカ、ラテンアメリカの人びとはごく普通に昆虫を食べている。飢餓のせいではなく、昆虫は特別なごちそうと考えられている。米国には法定限度があり、最大限度はチョコレートでは約100g当たり、昆虫のかけら60片、ピーナッツバターでは約100g当たり、30片、フルーツジュースでは1カップ当たりミバエ（ミカンコミバエ Bactrocera dorsalis）の卵5個の混入は許される範囲であり、米国人は1人当たり1年間に約450gの昆虫を知らずに食べている計算になるという。しかもこの計算には、コチニール色素（コチニールカイガラムシ Dactylopius coccus をつぶして作られる赤い着色料）を含んだ赤いキャンディやストロベリーヨーグルトなどは入っていないとされている。人間の食物として、昆虫には2つの魅力となるデータがある。第1に、地球上のヒトの個体数は今世紀半ばまでに90億に達すると予想されている。第2に、昆虫の個体数は１０００京（10の19乗）にのぼるとみられ、地球上の人間１人に対して２億～20億匹の昆虫が存在するともいわれている。昆虫の養殖は土地利用と水利用、飼料・食物転換率の観点から見て、その他の動物性食品、特に牛肉１ポンド（約４５０ｇ）にかかる飼料が25ポンド（約11kg）なのに対し、約２ポンド（約９００ｇ）の餌で食用コオロギ（ヨーロッパイエコオロギ：Acheta domesticus）１ポンド（約４５０ｇ）が手に入り、小規模農家の再興を図るなら、こうした小動物の飼育によいと思われる。日本の２０３０年問題（日本の人口が減り、高齢者率が上がり、労働者不足）にも有効ではないかと考える。また、様々な昆虫の研究が進むなか、国立コスタリカ大学の農学部でも食料危機に備え、食べられる昆虫の研究を始めているといわれている。

食肉消費の世界概況

米国農務省の資料によると２０１２年の世界

主要国の人口１人当たり食肉消費量の動向（単位：kg/人）

国名	2000年				2012年				合計の変化率(%)
	合計	牛	豚	鶏	合計	牛	豚	鶏	
アルゼンチン	103.9	70.8	8.0	25.1	110.8	59.9	8.8	42.1	6.6
米国	122.8	44.3	29.9	48.5	114.0	37.4	26.9	49.7	-7.2
ブラジル	76.7	35.6	10.7	30.4	101.7	39.9	13.6	48.2	32.7
オーストラリア	82.9	34.8	18.2	29.8	97.0	32.5	22.3	42.2	17.1
EU	77.5	16.7	41.8	19.0	77.7	15.3	40.3	22.1	0.3
シンガポール	59.1	6.0	16.1	37.0	70.6	6.4	23.2	41.0	19.5
韓国	45.4	12.7	22.7	9.9	60.6	13.7	30.9	16.1	33.7
メキシコ	59.8	23.7	12.7	23.4	63.5	15.7	15.8	32.0	6.1
南アフリカ	39.6	14.7	2.7	22.2	54.9	15.7	4.8	34.4	38.8
（マレーシア）	34.9	6.2	-	28.7	49.9	7.4	-	42.5	42.0
中国	42.7	4.0	31.2	7.4	53.9	4.1	39.7	10.0	26.3
日本	43.5	12.3	17.2	14.0	47.2	9.8	20.0	17.3	8.6
ベトナム	18.8	2.4	12.6	3.8	37.6	4.6	24.3	8.7	100.0
フィリピン	25.0	4.5	13.5	7.0	30.2	5.4	15.1	9.7	20.5
（インドネシア）	4.0	-	-	4.0	6.3	-	-	6.3	59.0
（インド）	2.2	1.1	-	1.1	4.2		-	2.6	92.5

注：国名の括弧書きは、一部の品目のデーターが存在しない国　出所：米国農務省資料およびIMF公表データーより作成

主要国の人口１人当たり食肉消費量の動向
（三井物産戦略研究所：世界の食肉需要の動向と飼料用穀物より）

の食肉生産量は25300万トン、消費量は24900万トンと、いずれも2000年比3割近く伸びている。品目別に見ると、牛肉の生産量は2000年比8・7％増の5800万トン、豚肉は同25・8％増の10700万トン、鶏肉は同50・5％の8900万トンとなっており、牛肉に比べて豚肉、さらには鶏肉の伸びが顕著である。表は2000年と2012年の主要国の1人当たり食肉消費量を牛肉・豚肉・鶏肉に分けて示したもので、国・地域によって食肉全体の消費量も、その構成も大きく異なっているが、2000年から2012年にかけて牛肉の割合が減り、鶏肉が増えた国が数多く見られ、ブラジル、オーストラリア、メキシコ等、最も多く消費される品目が牛肉から鶏肉に変化した国もある。この理由の一つとして、欧米を中心に、健康志向からホワイトミートと呼ばれる魚の白身や鶏肉の胸肉部分の需要が拡大し、日本でも業務用を中心として鶏肉のニーズが高まっている。

日本の食肉の消費動向について（魚から肉へ進む消費のシフト）

日本人の食生活はこの50年余りで大きく変化している。1960年には1人1年当たりの食肉（牛肉・豚肉・鶏肉）供給量はわずかに3・5kgであったが、2013年はその10倍の30kgとなった。一方、日本人の主食である米は115kgから57kgに、魚介類は28kg（2001年には40kgまで増加）から27kgにとそれぞれ減少している。日本人は従来魚を好んで食べていたが、食の欧米化が進んでいることから、食肉をより多く消費するようになった。魚介類の消費が減っている理由には価格もある。これまでは魚介類は食肉に比べ、安く手に入った食材であったが、世界的な需要の増加もあり、価格が上昇しているためと考える。

食肉の消費量が順調に増加する中、日本の食肉産業に大きな影響を与える出来事が30年間に2つあった。1つが1991年の牛肉の自由化で、これを機に輸入牛肉の消費が増加した一方、豚肉、鶏肉の消費の伸びが鈍化した。そしてもう1つが、２００1年に日本、２００3年に米国でそれぞれ発生したＢＳＥ（牛海綿状脳症）である。牛肉の消費が大きく減退し、その代わりに豚肉、鶏肉が多く消費されるようになった。ＢＳＥの発生から12年経ち、２０１3年5月に日本は国際獣疫事務局（ＯＩＥ）から「無視できるＢＳＥのリスクの国」に認定された。牛肉の消費量は回復傾向にはあるが、ＢＳＥ発生前のレベルにまでは達していないとされている。

持続可能な食物

持続可能な食物とは低い環境負荷で生産でき、将来にわたって持続的に栄養を供給することが可能なことである。生物多様性や生態系を守り、文化的に許容され、経済的な軋轢《あつれき》を生み出さず、安全で健康的な食物をさす。人口増加により穀物の生産面積が圧迫され、天然資源の生産がますます悪化していき、さらに気候変動が問題となるなか、食料生産に関する問題解決は重要である。ＦＡＯは食物の多様性、栄養、消費、生産や、農業、持続可能性といった要素の共同作用や連携に取り組んでいる。この取り組みの根底にある目的は、栄養、より消費者や政策市場に環境負荷の低い食物を推奨していくことである。食用昆虫は環境負荷の低い食物であると同時に、さらに基本食料として、サプリメントとして期待される。

昆虫は飼料としての用途だけでなく、従来の農畜産業・漁業と組み合わせた持続可能な生産活動を行うことが期待できる高機能なバイオ工場である。イエバエ(Musca domestica)やアメリカミズアブ(Hermetia illucens) などの雑食の植食生昆虫は、農作物の残渣を有用なたんぱく質に変換できる。一方、雑食でない昆虫も特定の食品廃棄物をコントロールしたい時に有用である。雑食系とは違いトレーサブルな生産物であることも利点となる可能性もある。ｅ－ｉｓｍ会員の佐伯は、サツマイモの収穫時に出る農業残渣の

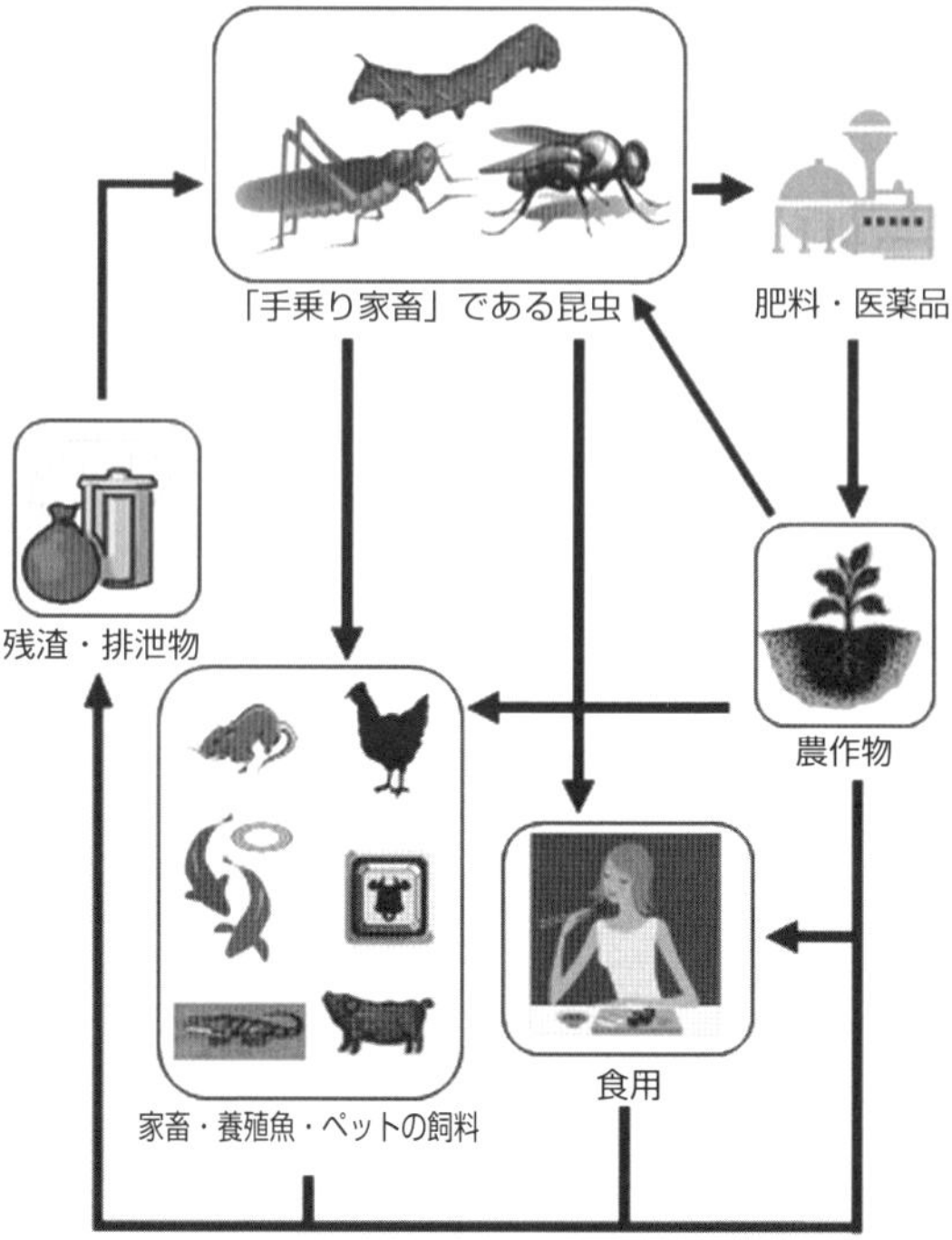

持続可能な昆虫バイオマス利用モデルより引用
（水野、2015より）

処理を昆虫に担わせることを考えている。「鹿児島県においてサツマイモの葉や茎の残渣は年間約37万トンに上り、現在もこの資源の有用な活用方法が課題となっている。サツマイモの葉を食べる害虫エビガラスズメ（Agrius convolvuli）をうまく活用すれば、良質で安全なたんぱく質に変換することが可能である。害虫とはいえ、見方を変えれば有益な昆虫にもなる。植物の生葉を高品質な動物性たんぱく質へ変換する植食性昆虫の利用が、ひとつの技術革新になると考えている」と述べている。昆虫が排泄した糞はさらに肥料として利用することも可能である。また、e-ism会員の高松によれば、タイのコオロギ養殖農家は、コオロギの排出された糞も農作物の肥料に利用しているという。

これまで昆虫は人間にとって有用な機能が知られながらも、カイコなどの一部の昆虫を除き家畜化がなされてこなかった。今後は魚類や家畜の飼料、人間の食料としてより適した品種が生まれてくる可能性がある。昆虫養殖業の発展には、食用昆虫の品種改良技術と飼育技術が欠かせない。応用昆虫学の分野では、すでに様々な昆虫の飼育方法をはじめ、生理機能や遺伝子改変に関する知見の蓄積がある。これらの豊富な研究成果の生かされる先は、これまでの「昆虫を排除する」害虫防除の考え方から、「昆虫を積極的に活用する」昆虫養殖業へと広がっていくことが考えられる。昆虫が小さな「手乗り家畜」となっていく未来に期待したい。

昆虫食文化、宗教観及び歴史

現実の世界で見られる例として、インドのある地方では食料不足で、人びとは窮地に立たされている。その事実を知って、日本から牛肉を何トンも救援物資として送ったとしたら、インドの人びとは喜ぶどころか、日本に対しての恨みが残されるだけである。インド人の多くはヒンドゥー教で、その宗教では牛は「食べ物」ではないからで、また、イラクは政情不安で、食べるのに困っている人びとがたくさんいるが、日本から豚肉を何トンも救援物資として送ることはできない。イラクは政情不安で、食べるのに困っている人びとがたくさんいるが、日本から豚肉を何トンも救援物資として送ることはできない。イスラム教では豚は「食べ物」ではなく、豚肉を食べることは、宗教上、厳格に禁じられている。それに比べ、昆虫食に関しては宗教的な禁忌がほとんどなく、旧約聖書でもバッタやイナゴは食べてもよいと明記されているという。

極端な例としては、日本で大地震があり、どこかの友好国からゴキブリを10トンほど緊急食料援助で送られてきても、私達は喜べない。たとえ、そのゴキブリが医学的にも、栄養学的にも保証されており、その国では食べ物の優良品が選ばれたとしても、そんな理屈は通用しない。日本では、ゴキブリは「食べ物」ではないからである。しかし、日本には昆虫を食べる文化があると海外に知られており、インドやイラクのように宗教的に食べてはいけない食材はないので、現実に起こり得るかもしれない。

海外での先人達が昆虫を食べたという書籍によると、『ファーブル昆虫記（十）』（岩波文庫）の中で、プリニウス（Caius Plinius Secundus（Maior）：古代ローマにおける百科学者）は、われわれにこう言っている。「ローマ人たちはコックス（ヒロムネウスバカミキリ：Megopis sinica）と呼ばれるルーブル樫の大きい裸虫を美味な料理と考えるほど、それは食卓の贅をつくすようになった」と（これは村で薪を割るときに出てくるやつで焼いて醤油をつけて食うとうまい。幼児の疳〔かん：疳の虫によって起こるとされる、小児の神経症。夜泣きやひきつけなどの発作を起こす病気〕の薬とされている。訳者注）。また、ファーブル自身も、「焼き肉は汁気が多く、柔らかで、よい味を持っている。そこにはヴァニラみたいな香りを持つ焼き杏の風味が認められた。中身は頬っぺたが落ちそう。」と、カミキリムシの幼虫を絶賛している。さらに、「虫の惑星」〝バッタの年〟の中ではバッタ（ロッキー・トビバッタ：Melanoplus spretus）料理が紹介されている。１８７０年代、チャールズ・バレンタイン・ライリー（ミズリー州の昆虫学者で農作物を襲うバッタの大群について研究）は、あるホテルの夕食にバッタ料理を出してみたところ、「料理ののった皿からかなりの香ばしくておいしそうな香りがたち昇ったとき、物好きな見物人たちの顔から、恐怖と嫌悪の表情がしだいに消えていった。当事者の紳士淑女たちが、明らかにおいしそうに、そして驚きと満足の表情をうかべながら、快くバッタの料理をつまみだしたとき、コックもつられてそれを食べてみて、たちまちその料理に賛意を示した。……」と、述べている。

食品および飼料用としての昆虫類の繁殖に関する環境機会

牛や豚の畜産物を育てるには広大な牧草地と、大豆、トウモロコシなど大量の飼料が必要となる。大豆を10kg与えてとれる肉は１kg程度。さらに、飼料作物１kgを育てるには、実に１００万倍もの水を必要とするといわれている。つまり、１kgの畜産肉を生産するために１０００万倍もの水を消費することになるという。日本は今、畜産肉の大部分をアメリカやオーストラリアなどに頼っており、畜産から出る排泄物の汚水処理についても考えなければならない。家畜に飲ませた水の量以上に排泄物となって出てくるとされ、汚水は浄水場を建てて処理して河川や海洋に流出させるか、固形物は出たものを単純に破棄するか、埋め立てに使う程度といわれている。もっとも最近では有機農業の肥料として一部は使われるようになってきたが、その大部分は地球の循環に適切に入れ戻すことができてないとされる。

昆虫類の飼育

昆虫の中でカイコ(Bombyx mori)ほど人間の役に立ってきたものはない。ミツバチ(セイヨウミツバチ：Apis mellifera) も人に蜂蜜、蜜蠟を供して有用な昆虫ではあるが、人に絹を供してきたカイコの働きはそれ以上である。一方で、カイコは人間によって原種のクワコ（Bombyx mandarina）を何千年にも品種改良をして現在の白い、翅が短くて飛べない家畜化により養蚕をしてきたので、再び野生に帰ることはできないとされ、昔から各国でカイコの研究はさかんであったが、日本の研究水準は世界一流とされている。日本のカイコは蚕病に強く（１８５２年の南フランスでの蚕病、１８６０年のイタリアでの蚕病）一時、輸出黒字国にもなっている。

ＦＡＯの報告書によると、コロンビアやインドの絹織物業に利用された後のカイコの蛹や糞は、家畜の飼料として利用されている。魚粉の代わりにカイコを飼料として鶏に摂取させた場合、飼料の摂取や体重の増加具合を調査しても、魚粉と遜色ない効果が得られることが報告されている。さらに、鯉の飼料として出てカイコの蛹を与えると、魚粉よりも体重の増加が大きくなったという報告もある。戦時中にわが国で出版された尾崎準一著『蚕糸化学と副産物利用』（朝倉書店）を見ると、養蚕業が盛んであった当時はカイコの糞を飼料として利用する研究が熱心に行われていたことが分かる。これによると、カイコの糞のたんぱく質含量は大豆粕よりは劣るものの、小麦、大麦、米ぬかよりも高いとしている。このカイコの糞を鶏に飼料として与えると卵黄の着色効果をもたらしているとされる。

カイコは古くから絹を生産する昆虫として特化されているため、飼料のみへの活用には向いておらず、絹織物生産で生じる副産物として、蛹や糞を活用するといった形が望ましいように思われる。わが国では一部地域で、カイコの蛹や成虫は佃煮などにして食用にする文化もある。カイコの糞の場合は「蚕沙《さんしゃ》」として漢方に利用されるなど、医薬品として利用できる可能性もある。また、カイコの糞は「緑色素」の着色料にも利用されており、取り出し方は、特許庁のページも掲載されており、こうして取り出された色素の多くは安定させるために銅クロロフィルの形にして使われ、原材料表示の欄に「着色料：銅葉緑素」などと書かれている。

カイコとイエバエの特性の比較をしてみると、次のようになる。カイコはイエバエより大型の昆虫であり、タンパク質含有量も高い。しかし、長期で見ると発育期間の短いイエバエがカイコを圧倒している。カイコは桑の葉や専用の人工飼料で飼育しなければならないが、イエバエは雑食性なので食品廃棄物や動物の糞などでも飼育することが可能である。このように昆虫をタンパク質生産という観点で見ると、イエバエの優位性が目立っている。しかし、日本では医療用のハエ（マゴットセラピー）の認知度は低く、「ハエは不衛生」というイメージがあまりにも強いので、食用として取り入れるには難しいと考える。カイコは古くから佃煮などとして食されており、受け入れやすいと考える。イエバエは家畜の飼料として利用さ

項　目	カイコ	イエバエ
飼料用発育ステージ	幼虫・サナギ	幼虫・サナギ
食性	桑・人工飼料	有機廃棄物
飼育温度	24 ～ 26℃	20 ～ 35℃
幼虫発育期間	約８	約 26
年間世代数	約３週間	４～６日
産卵数（メス１匹あたり）	500	500
老塾幼虫生体重	5,000mg	25mg
生老塾幼虫タンパク質含有率	23.10%	12.29%
以下オスメス１組からスタートした時の１年間後の数値（途中死亡率を0とする）		
個体数	12.2×10^{16}	17.8×10^{59}
増殖個体数比	1	1.45×10^{43}
タンパク質総量	1.4×10^{5}メガトン	5.5×10^{46}メガトン
タンパク質重量比	1	3.9×10^{41}

カイコとイエバエにおける生産効率の比較
三橋淳『昆虫食古今東西』（オーム社）より改変

れることを期待したい。

昆虫は、生息数の年変動が大きいことや、出現時期が限定されるために、食生活全体を通して見ると、食物としての量的貢献性は必ずしも高いとは言えない。

しかし、昆虫の飼育が産業化されれば、フィッシュミールの代わりに昆虫ミールを家畜用飼料に使用することによって、いずれコストの低減が可能となると考える。また、ヒトの消費に回る魚の供給量が増加するメリットも考えられる。ベルギーで一部の昆虫の食品化が合法化され、２０１４年９月以降、大手小売業が相次いで昆虫を原料とするハンバーグ、パンやクラッカーに塗るスプレッドが発売されたという。

昆虫類は、哺乳類と生物学的に大きく異なることは科学者が広く理解するところであり、昆虫類の疾病がヒトに伝播するとは非常に考えにくい。

カイコは、昔から現在に至るまで途切れるこ

世界で食されている昆虫と地域

バッタ	タイ、ベトナム、中国、アフリカ全域、日本
セミ（幼虫・成虫）	中国、タイ、ラオス、アメリカ（インディアン）、日本
カミキリムシの幼虫	中国、東南アジア、オーストラリア（アボリジニ）、日本
コガネムシ（幼虫・成虫）	中国、タイ、エクアドルなど
タガメ（成虫）	タイ、ラオス、カンボジア、ベトナム、日本
ゲンゴロウ（成虫）	中国、東南アジア、日本
コオロギ	中国、台湾、ベトナム、ラオスなど東南アジア全域、アフリカ中南部
スズメバチやミツバチ（幼虫・サナギ）	中国、タイ、台湾、日本
ガの幼虫	中国、アフリカ、オーストラリア（アボリジニ）、アメリカ（インディアン）、メキシコなど
アリ（幼虫・サナギ・成虫）	中国、タイなど東南アジア全域、ボツワナ、オーストラリア（アボリジニ）、アメリカ（インディアン）

となく行われてきた日本の伝統産業であり、良質な動物性たんぱく質も持ち、1カ月足らずで体重が約一万倍になる。飼育が簡単であることから、宇宙食としての実用化に向けた研究も重ねられていることから、災害食としても是非活用したいと考える。

法律も、ヒトが消費する食品への昆虫類の使用を禁じている場合が多い。しかし途上国において新開発食品を販売する店及び新開発食品を出すレストランが増加していることから、ヒトが消費する食品への昆虫の使用は大幅に容認されてきていると思われる。さらに、食品安全基準を昆虫類及び昆虫類由来の製品へ拡大適用することを期待したい。また、食用昆虫及び昆虫飼料に対する消費者の信頼を得るためには、生産チェーンに沿った品質管理基準が重要な鍵にもなると思われる。

高栄養価で優れた食材の昆虫を長期的災害時に備え、長期保存用に加工すれば、栄養バランスのとれた災害食にもなると考える。今後、昆虫食が長期化した被災生活を栄養面で支えるには、日常の食卓で積極的に利用されることが大切であると考え、さらなる昆虫の悪印象払拭と食用昆虫食の普及活動に努めたい。

昆虫食の貿易・製造・販売

株式会社昆虫食の entomo
代表取締役　**松井　崇**

私は㈱昆虫食の entomo にて、昆虫食の貿易・製造・販売をしています。また松井欣也先生と一緒に昆虫食の普及・啓蒙活動を 30 回以上開催してきました。

増えてきた昆虫食に関する講演

当社は SDGs 啓蒙活動にも積極的に携わっており、外務省 HP で SDGs 推進企業の一例としても掲載されています。

実は５年前までは昆虫は苦手で昆虫食に対して偏見や嫌悪感がありました。体を壊した事を機にあらゆる健康療法を試した時に、一番効果があったのが糖質制限（古代食）でした。そして糖質制限や、農耕文化以前の狩猟時代の食生活を調べていくうちに、

・人類はお猿さんの時代（古代）から昆虫を食べてきた
・昆虫は高タンパク質、低糖質で、糖質制限の理想的な食材
・国連が昆虫食を推奨

といったことを知り、むしろ昆虫を食べることの方が自然ではないかと思うように。

そこで品質や価格、昆虫食の見た目の面で、日本で受け入れられる昆虫食を普及したいと思い、entomo を創業しました。

《当社の取扱商品一覧》
①カナダ産の昆虫食：カナダの工場で養殖された食用コオロギです。EU・米国・カナダのオーガニック認証や、非遺伝子組換え審査（NON-GMO Project）を通過した高品質な食用昆虫です。
②アフリカ産の昆虫食：アフリカ産の食用イモムシを販売中。今後、食用イモムシ以外にも様々なアフリカ産の昆虫食を販売予定
③アフリカ産のフルーツやスーパーフード（近年販売開始）
④新商品開発中（来年販売開始予定）

《著者略歴》
松井 欣也（まつい・きんや）
1958年大阪生まれ。
大阪市立住吉商業高等学校卒業。大阪府立公衆衛生専門学校卒業後、1980年に国立循環器病センターに栄養士として就職。以降、36年余、近畿各地（南京都病院、千石荘病院、紫香楽病院、近畿中央病院、神戸病院、西奈良病院、奈良医療センター、兵庫青野原病院）の国立病院機構で患者の栄養指導、給食管理などに携わる。2016年、大阪教育大学大学院教育学研究科修士課程修了。同年に東大阪大学短期大学部実践食物学科非常勤講師、2017年4月からは同学科長。
研究分野は、未来食材としての昆虫食、災害時の栄養管理、重症心身障害児（者）の栄養管理。
所属学会は日本栄養士会、日本臨床栄養協会、日本栄養改善学会、日本重症心身障害学会、日本災害食学会、日本昆虫学会、NPO法人食用昆虫科学研究会、昆虫エネルギー研究所。
共著に水野壮監修『昆虫を食べる』（洋泉社）がある。

災害時こそ昆虫食

発　行　日	2019年12月24日初版発行ⓒ
著　　　者	松井　欣也
発　行　者	小野　元裕
発　行　所	株式会社ドニエプル出版
	〒581-0013 大阪府八尾市山本町南6-2-29
	TEL072-926-5134　FAX072-921-6893
発　売　所	株式会社新風書房
	〒543-0021 大阪市天王寺区東高津町5-17
	TEL06-6768-4600　FAX06-6768-4354
印刷・製本	株式会社新聞印刷

ISBN978-4-88269-883-8